北大社"十三五"职业教育规划教材

高职高专物流专业"互联网+"创新规划教材

物流商品养护技术

（第2版）

李燕东 ◎ 主编

夏建桥　刘　毅　张卓亚 ◎ 参编

邓育年　赵顺灵 ◎ 主审

内 容 简 介

本书是介绍物流仓储中商品养护通用方法与技术的实用型教材，内容包括物流设施设备及其保养、仓库温度调控、仓库害虫防治与处理、食品保鲜技术、食品冷藏冷冻、危险化学品储运管理和消防安全管理7个项目。本书编写结合大量物流企业实际运作情况，广泛收集企业一线的图片、表格、规章制度等材料，以形成较完善的商品养护技术体系，把商品养护内容提升到一个综合的可操作层次。

本书可作为高职高专物流管理等相关专业的教材，也可作为物流企业管理人员、技术人员的培训教材和参考用书。

图书在版编目(CIP)数据

物流商品养护技术/李燕东主编. —2版. —北京：北京大学出版社，2017.1
（高职高专物流专业"互联网+"创新规划教材）
ISBN 978-7-301-27961-8

Ⅰ.①物… Ⅱ.①李… Ⅲ.①物流—商品养护—高等职业教育—教材 Ⅳ.①F253

中国版本图书馆CIP数据核字（2017）第012674号

书　　名	物流商品养护技术（第2版）
著作责任者	李燕东　主编
策划编辑	蔡华兵
责任编辑	蔡华兵
数字编辑	陈颖颖
标准书号	ISBN 978-7-301-27961-8
出版发行	北京大学出版社
地　　址	北京市海淀区成府路205号　100871
网　　址	http://www.pup.cn　新浪微博：@北京大学出版社
电子信箱	pup_6@163.com
电　　话	邮购部 010-62752015　发行部 010-62750672　编辑部 010-62750667
印刷者	大厂回族自治县彩虹印刷有限公司
经销者	新华书店
	787毫米×1092毫米　16开本　12.25印张　285千字
	2013年7月第1版
	2017年1月第2版　2022年1月第5次印刷（总第9次印刷）
定　　价	37.00元

未经许可，不得以任何方式复制或抄袭本书之部分或全部内容。
版权所有，侵权必究
举报电话：010-62752024　电子信箱：fd@pup.pku.edu.cn
图书如有印装质量问题，请与出版部联系，电话：010-62756370

前　言

随着我国物流业的迅猛发展，物流成为融合仓储业、运输业、信息业、货代业的现代复合型服务业，其增值服务新形式不断涌现。物流商品养护技术是所有物流企业保证商品质量、减少损耗、降低成本、确保安全的重要工作，也是仓库管理员日常工作之一。熟悉仓储设备、物资的检查、保养与维护是仓库保管员的工作职责与工作内容。

关于本课程

物流商品养护技术是物流管理专业的专业课程，是一门理论性和实践性较强、应用面较广的综合性课程。本课程的设计以能力培养为宗旨，将企业实际项目引入教学环节，模拟现实环境，以小组为单位进行实践，来完成具体的工作任务，掌握物流商品养护岗位的技能，并结合相关的物流课程来培养仓储与配送服务的职业能力。

通过本课程的学习，学生应理解商品养护的基本理论、各大类型商品的基本特征，熟悉商品在物流过程中发生的质量变化，并采取相应的技术措施，以便有效地维护商品在物流过程中的质量。

关于本书

本书是在第 1 版的基础上修订而成，内容主要以完成仓储、配送过程中的商品养护业务的工作任务为主线，兼顾物流商品养护知识与技能的方方面面。

一般的同类教材多存在内容陈旧、理论知识多，实用性小，缺少企业的真实性等问题，无法反映现代物流新技术应用的情况。编写本书时，编者在内容和结构上做了突破性的尝试，如下所述：

（1）在内容方面，编者调研了大量物流企业运作情况，广泛收集企业一线的图片、表格、规章制度等，并结合自身多年在物流企业工作实践的丰富经验，将内容进行系统的整合梳理。

（2）在结构方面，每个项目的任务中都设置了"任务目标"→"练习思考"→"知识链接"→"技能训练"→"知识拓展"→"课后巩固"，学习环节完整，知识技能要点清晰明了，突破了单一的知识传授模式，将"学、做、练"融为一体。

①"任务目标"——注重"知识与技能""过程与方法""态度与素质"的学习目标的描述，如了解、认识、理解、运用、学会、操作、体验、分析、团队合作精神等。

②"练习思考"——以案例或问题引入，让学生带着问题阅读，寻找解决问题的方法与途径，增强学习兴趣。

③"知识链接"——介绍相关的知识、要求、方法，以"够用、实用"为度，让学生"知其然知其所以然"。

④"技能训练"——设计了以学生分组实践、团队合作完成的训练模式，通过课前准备、课间训练、展示与评价，培养学生收集信息能力、分析综合能力、团队分工合作能力，有利于提高学生的核心能力素质。

⑤ "知识拓展"——围绕新技术、新材料、新工艺、新应用以及节能减排等热点介绍，让学生了解"四新"知识，拓展知识面，开阔视野。

⑥ "课后巩固"——布置课后习题，让学生巩固所学。

如何使用本书

本书任务目标清晰，技能训练翔实，教学环节丰富，知识要点系统，图文并茂，非常适合学生自学。因为学生缺乏管理理论的基础知识，在教学中教师需要注意加强理论联系实际，尽量结合实际案例、图片和拓展训练来教学，以培养学生的专业基础素质。而且，在教学中要突出重点，精讲多练，启发和鼓励学生自主学习、自己探索，以培养其独立思考和创新的能力。

对于一些操作性的实训项目，可采用实践教学的方式指导学生进行实地考察，或者分组、分项目讨论。

本书由番禺职业技术学院李燕东担任主编；广州白云工商高级技工学校夏建桥、广州市交通高级技工学校刘毅和广州白云工商高级技工学校张卓亚参与编写；广州白云工商高级技工学校职业教育研究所邓育年所长、赵顺灵所长对本书进行了审读。在此，对在本书编写过程中给予大力帮助的学校教师、企业员工一并表示衷心的感谢！

由于编写时间仓促，加之编者水平有限，书中不妥之处在所难免，敬请同行们批评指正。

编　者
2016 年 5 月

目　录

【资源索引】

项目1　物流设施设备及其保养 1

任务1　物流设施设备概述 2
一、物流设施设备的概念 2
二、物流设施设备的分类 3
三、我国物流设备发展现状 13
四、物流设施设备在物流系统中的地位与作用 13

任务2　物流设施设备的保养 16
一、仓库卫生的日常维护工作 16
二、仓库设备的保养方法 17
三、仓库货架的保养方法 18
四、叉车的日常维护工作 19
五、集装器具的日常保养工作 21
六、输送设备的日常保养工作 22

任务3　物流设施设备锈蚀的防治与处理 25
一、金属锈蚀概述 26
二、物流设施设备锈蚀的原因 26
三、物流设施设备锈蚀的危害性 27
四、物流设施设备锈蚀的防治方法 28

项目2　仓库温湿度调控 32

任务1　仓库温湿度管理 33
一、温湿度的概念 33
二、仓库布局对仓库温湿度调控的影响 34
三、仓库内温湿度测量工具 35
四、部分仓库温湿度测量工具的使用方法 37
五、仓库温湿度记录表格 37

任务2　温湿度变化对商品储存的影响 40
一、商品的物理机械变化 40
二、商品的化学变化 44
三、商品的生化变化 45
四、影响商品质量变化的因素 47

任务3　仓库温湿度调控方法 50
一、仓库温湿度变化的规律 51
二、不适宜温湿度对商品的影响 52
三、仓库温湿度的调控方法 52

项目3　仓库害虫防治与处理 58

任务1　仓库昆虫的防治与处理 59
一、仓库害虫 59
二、仓库常见的昆虫类 59
三、常见的易虫蛀商品 60
四、仓库昆虫类的来源 62
五、仓库昆虫类的危害方式 62
六、仓库昆虫类的防治与处理方法 62

任务2　仓库蟑螂的防治与处理 65
一、蟑螂概述 66
二、仓库常见的蟑螂种类 66
三、仓库蟑螂的来源 67
四、蟑螂在仓库内活动的昼夜节律 67
五、蟑螂的危害 68
六、仓库蟑螂的防治与处理方法 68

任务3　仓库蚁害的防治与处理 71
一、白蚁概述 72
二、白蚁与蚂蚁的区别 72
三、仓库白蚁的来源 72
四、如何发现白蚁对仓库的危害 73
五、白蚁的危害 74
六、仓库白蚁的防治与处理方法 74

任务4　仓库鼠害的防治与处理 77
一、老鼠概述 78
二、老鼠的危害 78
三、如何发现老鼠对仓库的危害 79
四、仓库鼠害的防治与处理方法 79

项目4　食品保鲜技术 84

任务1　物理保鲜技术 85
一、食物腐烂的原因 85
二、主要的物理保鲜技术 85

任务2　生物保鲜技术 94

一、生物保鲜技术概述 95
　　二、食品生物保鲜技术特点 95
　　三、生物保鲜技术的一般要素 96
　　四、生物保鲜技术的内容 96
任务3　化学保鲜技术 100
　　一、化学保鲜技术概述 100
　　二、化学保鲜技术的本质 100
　　三、食品添加剂及其使用 101
　　四、化学保鲜的卫生与安全 103
任务4　有机果蔬保鲜技术 104
　　一、呼吸作用 105
　　二、蒸腾作用 106
　　三、实例教学：桃的保鲜技术 107
　　四、其他果蔬保鲜技术 109

项目5　食品冷藏冷冻 113

任务1　食品的冷藏 114
　　一、食品冷藏概述 114
　　二、食品冷藏的原因 115
　　三、市场上常见的食品冷藏工具 115
　　四、食品的冷藏方法 116
任务2　食品的冷冻 121
　　一、食品冷冻概述 122
　　二、食品冷冻工艺的内容 122
　　三、市场上常见的食品冷冻
　　　　设备 123
　　四、鱼、肉、果蔬类食品冻结过程 ... 123
　　五、速冻食品与缓冻食品的区别 ... 124
　　六、冻制或冻结前对原料加工的
　　　　工艺要求 124
任务3　冷藏运输的现状分析 127
　　一、冷藏运输概述 128
　　二、冷藏运输设备类别 129
　　三、冷藏运输的意义和作用 130
　　四、冷藏运输的需求 131

项目6　危险化学品储运管理 135

任务1　危险化学品概述 136
　　一、危险化学品的定义 136

　　二、危险化学品的特征 137
　　三、危险化学品的类别 137
　　四、危险化学品的安全标志 138
任务2　危险化学品的仓储管理 147
　　一、危险化学品储存的基本要求 ... 148
　　二、危险化学品储存方式 149
　　三、储存危险化学品场所的要求 ... 149
　　四、危险化学品养护的注意事项 ... 149
　　五、危险化学品出入库管理
　　　　注意事项 150
　　六、常见危险品保管方法 150
任务3　危险化学品的运输管理 153
　　一、危险化学品运输企业的
　　　　资质要求 153
　　二、危险化学品运输企业人员的
　　　　要求 154
　　三、危险化学品的运输要求 154
　　四、危险化学品的运输包装要求 ... 155

项目7　消防安全管理 161

任务1　仓库安全隐患排查 162
　　一、仓库安全隐患概述 162
　　二、仓库安全隐患的排查方法 ... 164
　　三、仓库安全隐患的排查指导
　　　　作业书 165
　　四、仓库安全隐患的消除 165
任务2　消防安全管理常识 168
　　一、火灾的定义 169
　　二、火灾的分类 169
　　三、根据不同火灾种类配置相应的
　　　　消防设备 170
　　四、常见消防设施设备的
　　　　使用方法 173
任务3　火场逃生与商品的抢救 182
　　一、火灾报警 183
　　二、果断逃生 184
　　三、协助抢救被困人员或商品 185

参考文献 188

项目 1

物流设施设备及其保养

【学习目标】

知识目标	能描述物流设施设备的发展现状 能举例说明物流设施设备的种类 能讲解仓库设备的保养方法和维护要求 能讲解装卸搬运设备的保养方法和维护要求 能解释物流设备锈蚀的原因
技能目标	能根据实际情况做好物流设备保养工作 能根据实际需求做好物流设备防锈工作
职业能力目标	让学生树立爱护公共设施设备的观念 让学生树立正确保养物流设备的意识

任务1 物流设施设备概述

【任务目标】

（1）认识物流设施设备的种类。
（2）能描述仓库物流设施设备的发展现状。
（3）能解释物流设施设备在物流系统中的作用和地位。

【练习思考】

请看下图中的物流设备，你认识它们吗？

货架　皮带分拣机　重力式叉车

塑料托盘　手推车　液压升降机

起吊机　手动堆高车　箱式货车

【参考答案】

【知识链接】

一、物流设施设备的概念

物流设施设备是指进行各项物流活动和物流作业所需要的设备与设施的总称。

它既包括各种机械设备、器具等可供长期使用，并在使用中基本保持原有实物形态的物质资料，也包括运输通道、货运站场和仓库等基础设施。

物流设施设备是组织物流活动和物流作业的物质技术基础，是物流服务水平的重要体现。

二、物流设施设备的分类

根据不同的需要，从不同的角度可将物流设施设备分为不同的种类。总体来看，物流设施设备可由两大部分构成：一是物流设施，二是物流设备，如图 1.1 所示。

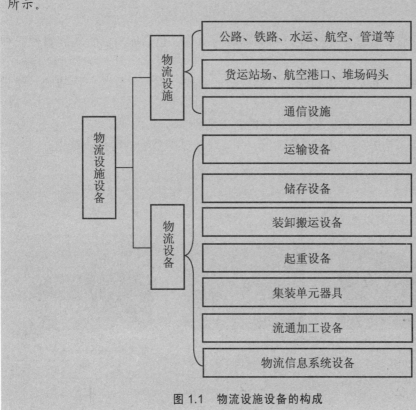

图 1.1 物流设施设备的构成

（一）物流设施

物流设施包括公路、铁路、航空、水运、管道及航空港口、货运站场和通信等基础设施，这些基础设施的建设水平和通过能力直接影响着物流各环节的运行效率。

【练一练】

用连线的方法查找以下图片对应的物流设施名称。

【参考答案】

机场　2

码头　1

货运站场　3

（二）物流设备

1. 仓库

仓库是保管、存储物品的建筑物和场所的总称，包括库房、货场和料棚三种形式。

（1）库房。是指有屋顶和围护栏结合构造而成，用于堆放各种货物的封闭式建筑物。

（2）货场。是指用于堆放各种货物的露天场所。

（3）料棚。是指有屋顶或部分围壁，用于堆放某些货物的简易建筑物。

【练一练】

用连线的方法查找以下图片对应的仓库类型名称。

【参考答案】

库房　2

货场　3

料棚　1

仓库的功能

（1）储存和保管功能。

（2）配送和加工功能。

（3）信息传递功能。

仓库的种类

（1）按仓库功能划分。有存储型、流通型、配送型、保税型等。

（2）按建筑形态划分。有地面型、半地下型、地下型等。

2. 货架

货架是陈列或存储商品、成品、半成品等物品的专用结构架。随着现代工业的快速发展，物流量大幅度增加，为降低物流成本，改善仓库利用率，不仅要求货架数量增多，而且要求货架具有多功能操作，并能实现机械化、自动化操作的要求。

【练一练】

根据现实生活常识，填写以下货架类型的名称。

名称：层架　　　名称：悬臂式货架　　　名称：高层货架

【参考答案】

货架种类繁多，可从其发展、材质、适用性、可动性、结构特点、载货方式、高度、重量进行不同的分类，如图 1.2 所示。

　　层架　　　　　抽屉式层架　　　　托盘式货架　　　　阁楼式货架

　悬臂式货架　　　　移动式货架　　　　驶入式货架　　　　重力式货架

图 1.2　货架类型示意图

货架的作用与功能：
（1）充分利用仓库空间，提高库容量。
（2）减少货物的破损率。

【参考视频】

（3）便于清点和管理货物的数量和质量。

货架安装注意事项：

（1）货架通用安装及验收，要确保质量和安全，促进技术进步，提高经济效益。

（2）货架安装应按图施工。当施工时发现现场或设计有不合理之处，应及时提出，经变更批准后方可施工。

（3）货架安装。安装过程中采用的各种计量和检测器具、仪器、仪表和设备应符合国家现行计量法规的规定，其精度等级不低于安装要求的精度等级。

（4）货架安装前的隐蔽工程应在工程隐蔽前进行检验，合格后方可继续施工。

（5）货架安装中应进行自检。

（6）货架安装施工。除应按《货架通用安装与验收规范》执行外，应符合国家（行业）现行标准规范的规定。

【参考资料】

3. 叉车

叉车又称铲车，是指对成件托盘货物进行装卸、堆垛和短距离运输作业的各种轮式搬运车辆，主要用于装卸与搬运。叉车在企业的物流系统中扮演着非常重要的角色，是物料搬运设备中的主力军。叉车被广泛应用于车站、港口、机场、工厂、仓库等国民经济中的各个部门，是机械化装卸、堆垛和短距离运输的高效设备。

【练一练】

根据现实生活常识，填写以下叉车类型的名称。

【参考答案】

   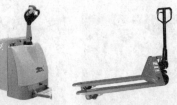

名称：手动堆高车　　名称：电力式升降机　　名称：半电动搬运叉车　　名称：手动液压叉车

叉车的种类很多，通常可以分为三大类：内燃叉车、电动叉车和仓储叉车。仓储叉车主要是为仓库内货物搬运而设计的叉车，除了少数仓储叉车是采用人力驱动外，其他都是以电动机驱动的。不同类型的叉车如图1.3所示。叉车因其车体紧凑、移动灵活、自重轻和环保性能好而在仓储业得到普遍应用。

内燃叉车　　　　　　电动叉车　　　　　　手动液压叉车

前移式叉车　　　　　　侧面叉车　　　　　　拣选叉车

集装箱叉车　　　　　三向堆垛叉车　　　　　伸缩臂叉车

图 1.3　叉车类型示意图

手动液压叉车的操作方法：

（1）将手动液压叉车拉到货物跟前 20~50cm 处，根据托盘槽内位置调整手动液压叉车与之对齐。

（2）推动叉车将货叉送入已承载货物的托盘槽内，并将叉车舵柄右内侧的塑料手柄向下扳，然后上下摇动舵柄启动液压装置，使货叉升离地面 5~10cm。

（3）单手拉或双手推叉车货物至指定货位，将塑料手柄向上提，释放液压，把货物缓放在货位上，然后将塑料手柄恢复水平位置，把叉车拉离托盘并放回设备区。

【参考视频】

4. 托盘

国家标准《物流术语》（GB/T 18354—2006）对托盘（pallet）的定义是，用于集装、堆放、搬运和运输的放置作为单元负荷货物和制物的水平平台装置。托盘是按一定规格形成的单层或双层平板载货工具，是最基本的物流器具，它是静态货物转变成动态货物的载体。

【练一练】

根据现实生活常识，用连线的方法查出对应托盘的名称。

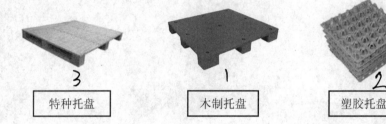

特种托盘　　木制托盘　　塑胶托盘

作为与集装箱类似的一种集装设备，托盘现已广泛应用于生产、运输、仓储和流通等领域，被认为是20世纪物流产业中两大关键性创新之一。托盘作为物流运作过程中重要的装卸、储存和运输设备，与叉车配套使用，在现代物流中发挥着巨大的作用。托盘的种类繁多，如图1.4所示。

图1.4　托盘种类示意图

托盘的主要特点：
（1）减少作业次数，提高作业效率，缩短货运时间，减小劳动强度。
（2）便于清点和理货交接，减少货损货差事故。
（3）投资较少，收益较快。
ISO（International Organization for Standardization，国际标准化组织）制定了如下四种托盘规格：
（1）1 200mm×800mm　欧洲规格
（2）1 200mm×1 000mm　欧洲一部分、加拿大、墨西哥规格
（3）1 219mm×1 016mm　美国规格
（4）1 100mm×1 100mm　亚洲规格

5. 集装箱

所谓集装箱，是指具有一定强度、刚度和规格，专供周转使用，在海、陆、空不同运输方式进行联运时用以装运货物的一种大型装货容器。

【练一练】

根据现实生活常识，用连线的方法查出对应集装箱的名称。

罐式集装箱
2

平台集装箱
3

箱式集装箱
1

集装箱的主要特点：
（1）具有足够的强度，可长期反复使用。
（2）适合一种或多种方式运输，途中转运时，箱内货物不必换装。
（3）可进行快速搬运和装卸，特别便于从一种运输方式转移到另一种运输方式。
（4）便于货物装满或卸空。
（5）具有$1m^3$及$1m^3$以上的容积。

国际标准集装箱的分类包括杂货集装箱、开顶集装箱、台架式集装箱、平台集装箱、冷藏集装箱、散货集装箱、通风集装箱、罐装集装箱、动物集装箱、汽车集装箱、组合式集装箱、服装集装箱、其他用途集装箱等，如图1.5所示。

图1.5　集装箱类型示意图

6．输送机

输送机又叫连续输送机，是一种在一定线路上连续输送货物的搬运机械设备。由于输送机输送能力大，运距长，还可在输送过程中同时完成若干工艺操作，所以在物流行业中被广泛应用。

【练一练】

根据现实生活常识，用连线的方法查出对应输送机的名称。

滚筒输送机　　　　皮带式输送机　　　斗式提升机
　　2　　　　　　　　　1　　　　　　　　3

输送机的主要特点：
（1）方向易变，可灵活改变输送方向，最大时可达到180°。
（2）输送机每单元由8只辊筒组成，每一个单元都可独立使用，也可多个单元连接使用，安装方便。
（3）输送机伸缩自如，一个单元最长与最短状态之比可达到3倍。

输送机按运作方式可以分为螺旋输送机、皮带式输送机、斗式提升机、滚筒输送机、计量输送机、板链输送机、网带输送机等，如图1.6所示。

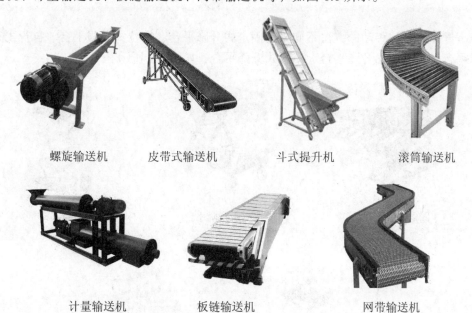

图1.6　运输机类型示意图

7. 升降平台

升降平台是一种垂直运送人或物的起重机械，也指在工厂、自动仓库等物流系统中进行垂直输送的设备。升降台上往往还装有各种平面输送设备，作为不同高度输送线的连接装置。升降台一般采用液压驱动，故称液压升降台。

【练一练】

根据现实生活常识,用连线的方法查出对应升降平台的名称。

【参考答案】

自行式升降平台
2

拖拉式升降平台
3

固定式升降平台
1

> 货运升降机是一种必须以人工控制升降机门的货运专用升降机械,一般比客运升降机大且载重较多,有 2 000～5 000kg 不等,多数都是采用拽引式。货运升降机内一般没有很好的装饰,以避免运货时被损坏。货运升降机一般都有专门的电梯控制人员值守,以控制升降机门开关。

升降平台按移动的方法不同分为固定式升降平台、拖拉式升降平台、自行式升降平台、可驾驶式升降平台、车载式升降平台,如图 1.7 所示。

固定式升降平台

拖拉式升降平台

自行式升降平台

【参考视频】

可驾驶式升降平台

车载式升降平台

图 1.7 升降平台类型示意图

三、我国物流设备发展现状

自 20 世纪 70 年代末以来，我国物流设备有了较快的发展，各种物流运输设备数量迅速增长，技术性能日趋现代化。随着计算机网络技术在物流活动中的应用，先进的物流设备系统不断涌现，我国已具备开发研制大型装卸设备和自动化物流系统的能力。总体而言，我国物流设备的发展现状如下：

（1）物流设备总体数量迅速增加。近年来，我国物流产业发展迅速，受到各级政府的极大重视，在这种背景下，物流设备的总体数量迅速增加，如运输设备、仓储设备、配送设备、包装设备、搬运装卸设备、物流信息设备等。

（2）物流设备的自动化水平和信息化程度得到了一定的提高。以往物流设备基本上是以手工或半机械化为主，工作效率较低。但是，近年来物流设备在其自动化水平和信息化程度上有了一定的提高，工作效率得到了较大提高。

（3）基本形成了物流设备生产、销售和消费系统。以前，经常发生有物流设备需求，但很难找到相应生产企业，或有物流设备生产却因销售系统不完善、需求不足，导致物流设备生产无法持续完成等。目前，物流设备的生产、销售、消费系统已经基本形成，国内拥有一批物流设备的专业生产厂家、物流设备销售的专业公司和一批物流设备的消费群体，使得物流设备能够在生产、销售、消费的系统中逐步得到改进和发展。

（4）物流设备在物流的各个环节都得到了一定的应用。目前，无论是在生产企业的生产、仓储，流通过程的运输、配送，物流中心的包装加工、搬运装卸，物流设备都得到了一定的应用。

（5）专业化的新型物流设备和新技术物流设备不断涌现。随着物流各环节分工的不断细化和以满足顾客需要为宗旨的物流服务需求的增加，新型的物流设备和新技术物流设备不断涌现。这些设备多是专门为某一物流环节的物流作业、某一专门商品、某一专门顾客提供的设备，其专业化程度较高。

四、物流设施设备在物流系统中的地位与作用

物流设施为物流运作提供了良好的场所，而物流设备为物流提供了很多的技术支持。物流设备的使用能够提高工作效率，为物流提供更具竞争力的局面。

> 物流设施设备是物流系统的物质技术基础。
> 物流设施设备是物流系统的重要资产。
> 物流设施设备涉及物流活动的各个环节。
> 物流设施设备是物流技术水平高低的重要标志。

物流技术及其装备是构成物流系统的重要组成要素，担负着物流作业的各项任务，影响着物流活动的每一个环节，在物流活动中处于十分重要的地位。离开物流

技术及其装备，物流系统就无法运行或服务水平及运行效率变得极其低下。

🌐【技能训练】

【训练资料】

课前让学生利用计算机网络、学校图书馆、学校实训设备等各种资源搜集不同类型、种类的物流设施设备图片约 50 张，统一用 A4 纸打印后上交。

【训练步骤】

1. 组织准备

（1）将全班同学按 6～8 人进行分组；选出小组长，小组长负责组织本小组成员参与活动。

（2）将训练资料按组数分成对应的份数。

（3）以抽签的方式安排各小组完成不同内容的任务。

2. 布置任务

（1）下达任务书。在规定的时间内，各小组针对所抽取的图片资料讨论其名称、结构、用途等内容，各小组组长负责整理小组资料。

（2）各小组安排一名代表上台讲解和展示本小组的工作成果，并上交相关资料。

3. 考核评价

（1）教师根据各个小组的表现针对讲解内容的精彩性、正确性、完整性等内容进行评分与点评。评分比例占总成绩的 60% 左右。

（2）教师在点评内容的同时，对各个小组队员之间的团队合作、演讲组织能力等内容进行评分与指导。评分比例占总成绩的 35% 左右。

（3）开展学生自评项目。评分比例占总成绩的 5% 左右。

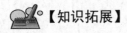【知识拓展】

自动化立体仓库

自动化技术是当代最引人瞩目的高技术之一。严格地说，自动化就是指在没有人的直接参与下，机器设备所进行的生产管理过程。自动化立体仓库也不例外，能自动储存和输出物料的自动化立体仓库，是由多层货架、运输系统、计算机系统和通信系统组成的，集信息自动化技术、自动导引小车技术、机器人技术和自动仓储技术于一体的集成化系统。

可以实现存储入库、存储出库、搬运拆箱及空箱叠放全过程的自动化。

货物入库是在入库站台上进行的。夹抱车将货物送到入库站台的托盘上，待人工确认货物品牌后，入库过程自动完成。输送线自动将托盘送到货架端部，堆垛机将货物送到由主控计算机预先分配好的货位上进行存储。

货物出库是由生产管理人员向主控计算机输入出库指令，计算机按指令根据出库单的品种，控制堆垛机将相应的库存货物从货位上取出。输送线自动将货物输送到出库站台，同时出库的托盘经叠放机将空托盘 5 个一组叠好送到货架存放或送到入库站台备用。

【参考视频】

有的自动化立体仓库的通信系统由无线通信和光通信两部分组成。运行中的自动导引小车同控制台自动交换信息。立体库和拆箱机器人则通过红外光传递信息，完成移载任务。自动导引小车在出库站台接受命令后，将货箱运到指定站点。然后搬运机械手自动将货箱搬运到翻转台上，实行人工质量检查。检查合格后，拆箱机器人自动将其送到后道工序进行自动处理。脱箱机械手将货物脱出后，把空箱自动送到高位叠好，经输送线送到堆放机堆放整齐。待一批作业完成，堆放好的空箱由自动导引小车送走。

生产车间的中央控制室集中放置管理计算机、监控计算机和自动小车控制系统计算机，管理人员在中央控制室下达任务，可以通过显示器画面监视系统工作过程，还可以随时打印各种报表、数据供计划人员决策。自动化立体仓库的研制成功，提高了我国集成化仓储系统的水平，为我国自动化仓储技术朝着智能化技术方向发展奠定了基础。

【课后巩固】

请指出以下分别是什么设备，并分述其用途。

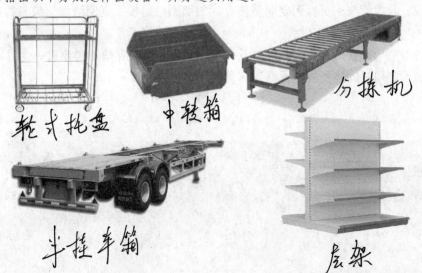

【参考答案】

任务2　物流设施设备的保养

【任务目标】

（1）会对仓库进行日常保养工作。
（2）能做好叉车的日常维护工作。
（3）能做好仓库货架日常保养工作。
（4）能做好集装器具日常保养工作。
（5）能做好输送机的日常保养工作。

【练习思考】

生锈的货架　　　　　　　　生锈的货叉　　　　　　　　生锈的集装箱

【参考答案】　观看图片后请思考：导致货架、货叉、集装箱生锈的原因有哪些？

【知识链接】

一、仓库卫生的日常维护工作

（1）仓库保管员必须合理设置各类物资和产品的明细账簿和台账，做到日清日结，确保物料进出及结存数据的正确无误，及时登记台账，保证账物一致。
（2）仓库管理人员每天定时清洁仓库的墙面与地板，定期清理货架与货物表面灰尘。
（3）定期对仓库进行大扫除，及时处理废料，废料存放不得超过一个月。
（4）定期对周边环境进行清理与预防虫害处理。

注意按照仓库内卫生管理提示标语进行管理与规范，仓库内卫生管理提示标语如图1.8所示。

图 1.8 仓库内卫生管理提示标语

二、仓库设备的保养方法

在设备管理过程中,设备的维护保养是非常重要的环节。设备维护保养的好坏直接影响设备利用率和安装质量。

(一)仓库维护的顺序

(二)做好仓库设备维护保养计划表

仓库设备维护保养计划表见表 1-1。

表 1-1 仓库设备维护保养计划表

设备类型:		编制:	审核:	批准:
设备编号:		日期:	日期:	日期:
点检月份: 年 月		负责人:		
异常记录	发生时间	异常内容	处理办法	点检人

（三）仓库设备的保养要求

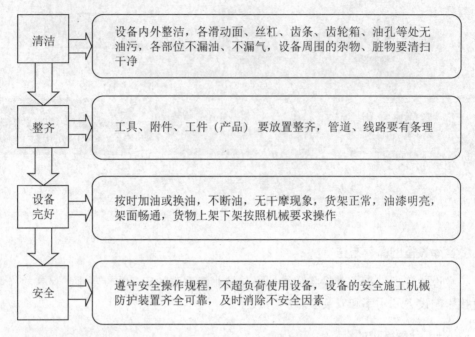

- 清洁 → 设备内外整洁，各滑动面、丝杠、齿条、齿轮箱、油孔等处无油污，各部位不漏油、不漏气，设备周围的杂物、脏物要清扫干净
- 整齐 → 工具、附件、工件（产品）要放置整齐，管道、线路要有条理
- 设备完好 → 按时加油或换油，不断油，无干摩现象，货架正常，油漆明亮，架面畅通，货物上架下架按照机械要求操作
- 安全 → 遵守安全操作规程，不超负荷使用设备，设备的安全施工机械防护装置齐全可靠，及时消除不安全因素

三、仓库货架的保养方法

货架的保养方法主要有擦拭、清扫、润滑、调整等一系列的动作，以维持和保护货架的机械性能和技术状况。

清洁：确保货架内外和各滑动面、结合处干净无油污和生锈现象。

整齐：整件、附件、产品放置整齐、有条理。

润滑良好：工件结合处、滚轴处润滑良好。

安全：遵守操作规程，不超负荷使用货架，确认防护装置齐全可靠，及时消除不安全因素。

层架的日常保养方法：

（1）目视检查。检查立柱、横梁和层板是否干净整洁，立柱、横梁、横梁卡钩、固定孔各部位是否完好无松动、无变形损坏等，工件结合处是否润滑良好，有无生锈、腐蚀现象。

（2）擦洗、清扫。对货架的立柱、横梁、层板等部位进行清扫和擦洗，货架周围的杂物、脏物要清扫干净，保持货架整洁。

（3）调整。如发现货架有超重、变形损坏或生锈现象，及时进行检修、润滑和防锈等处理。

四、叉车的日常维护工作

（一）手动液压叉车保养内容

（1）外观检查。清除外露部分的油污灰尘，保持叉车外部清洁。

（2）零部件检查。检查各部位紧固件，如有松动或缺少，应紧固配齐。

（3）液压装置检查。检查液压油是否充足，并进行加油和注润滑油。

【参考视频】

手动液压叉车日常维护注意事项如下：

（1）清洗叉车上的泥土和尘垢。
（2）检查各部位的紧固情况。
（3）检查转向器的可靠性、灵活性。
（4）制动踏板、微动踏板、离合器踏板、手制动检查。

（二）电动叉车保养内容

（1）渗漏检查。检查液压管接头、蓄电池，以及制动系统是否漏油或漏液。

（2）轮胎检查。检查轮胎有无破损，轮毂有无变形，螺丝是否有松动。

（3）蓄电池检查。检查电解液比重，两极接线是否松动或破损，电池箱内是否积水等。

（4）直流电机检查：定期清洁直流电机内部灰尘，检查碳刷和弹簧是否合格。

电动叉车保养内容如图1.9所示。

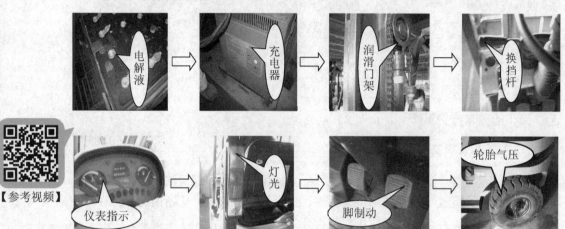

图1.9　电动叉车保养内容

（三）做好日常叉车保养计划表

手动液压叉车保养点检表见表1-2。

表1-2　手动液压叉车保养点检表

序号	检查内容	标准	1	2	3	4	5	6	7	8	9	10	11	12	13	14	15	16	17	18	19	20	21	22	23	24	25	26	27	28	29	30	31
1	设备整机内外卫生情况	干净、清洁																															
2	工作液压系统是否正常	无漏油、正常																															
3	润滑油是否充足	充足																															
4	把柄灵敏度	灵敏																															
5	把柄各挡位切换无异响且准确	无异响																															
6	各部位螺丝是否松动	牢固																															
7	有无锈蚀	光洁																															

注：状态栏正常打"√"，有问题打"×"，并报告给班长。

电动叉车日常点检表示例见表 1-3。

表 1-3 电动叉车日常点检表

电动叉车日常点检表				编制: 日期:						审核: 日期:							批准: 日期:																		
目的	为了保证人身安全和货车安全,出现异常能够及时发现,特制订本点检表。																																	
定义	日常点检表是每日工作开始前,对设备进行的必要的检查。																																	
适用范围				点检月份: 年 月【异常提出路径】点检者(10min)																														
NO.	点检项目	基 准	方法	周期	1	2	3	4	5	6	7	8	9	10	11	12	13	14	15	16	17	18	19	20	21	22	23	24	25	26	27	28	29	30	31
1	5S	表面无尘土,内部无油污	目测	1/天																														
2	充电器	充电时各指示灯正常	目视	1/天																														
3	灯光	各灯光均无异常	目视	1/天																														
4	仪表盘	各指示灯、仪表、工作正常,且无损坏	目视	1/天																														
5	挡位手柄	置于中位	目视	1/天																														
6	紧固装置	无松动	目视	1/天																														
7	绕车检查	轮胎压力、紧固螺栓、管路漏油漏电解液等,均无异常	目视	1/天																														
8	手刹脚刹	操作正常	试车	1/天																														
9	电解液	电解液处于电瓶 3/4 以上	目视	1/天																														
判定	良好"○"异常"×"休息"△"			点检者签字																														
				确认者签字																														
异常记录	发生时间			异常内容													处置内容																		

五、集装器具的日常保养工作

建立健全日常巡检制度,维修人员应对集装器具进行检查。外协维修单位应根据合同的规定,制订合理的保养计划对集装器具进行日常保养。

1. 日常保养

仓管员每天对集装器具进行保养,班后、周末、节日前要对集装器具进行大清扫、擦洗。发现隐患时应及时排除;发现大问题时应找维修人员处理。

2. 定期保养

集装器具使用超过 3 个月时，维修部负责对其进行清洗检查，调整配合间隙和紧固零件，处理日常保养无法处理的缺陷。定期保养完后，由维修部和主管进行验收评定，填写好保养记录，确保集装器具经常保持整齐、清洁、润滑、安全、经济运行。

3. 点检记录

维修部对关键部位要进行日常点检和定期点检，并做好记录。

六、输送设备的日常保养工作

（1）每天检查输送带是否松动或异常，并及时调整。
（2）每天检查上、下托辊是否齐全，转动是否灵活。
（3）每天检查输送机各零部件是否齐全，螺栓是否紧固、可靠。
（4）每天检查减速器、联轴器、电动机及滚筒的温度是否正常，有无异响。
（5）按时检查、试验各项安全保护装置。
（6）按时检查减速器和液力偶合器是否有泄漏现象，油位是否正常。
（7）按时检查传动链轮与链条的吻合度，及时调整，并给链条添加润滑油。
（8）每月用气枪吹去控制箱内灰尘，防止故障。
（9）认真填写检查和保养记录。皮带机定期检查记录见表 1-4。

表 1-4　皮带机定期检查记录表

项目内容		检修内容	是否正常	检查人	检查日期
日检	机械	制动装置、护栏、过桥、托辊、直滚、三连滚、皮带机架的完整可靠			
	电气	防滑、堆煤、跑偏、急停、撕裂、自动洒水、防逆转、断带、温度烟雾保护			
周检	机械	驱动轮、导向轮部分的检查和处理，各减速机的检查等各部分的检查；机尾转载处的检查，机头溜煤筒的检查、张紧装置和分绳装置检查			
	电气	主电机、变频器、滤波器等各部的检查，检修主变压器的接线，电控、动力系统的检查			
月检	机械	各部分绳轮、过渡轮、导向轮、驱动轮、胶带轮、张紧车、滚筒的检查和注油			
	电气	紧固接头螺栓、快速开关、换向器停电检修，机道内脱槽保护、限位保护、急停保护及机头、机尾各报警系统的检查，给煤机开关接线盒、信号灯等设备的检修，机头、机尾信号保护的检查			

续表

项目内容		检修内容	是否正常	检查人	检查日期
季检	机械	主减速机制动器、油缸、压簧、拉杆及闸瓦闸皮各轴销的检查			
	电气	主电机、调压器、绝缘测定、高压接触器、脱槽紧急停车保护开关检查,主电机换碳刷			
年检	机械	驱动轮及导向轮部分的绳衬更换、坚固螺栓,主减速机检查,更换润滑油,检查稀油站油箱、油泵阀组、滤清器,并清理油箱,齿轮联轴器的检查换油,主减速机制动器的解体检查,各部分绳轮、检查注油,各给煤机、溜煤筒的检查、更换			
	电气	主电机抽芯、摇测、刮槽、吹尘、换碳刷,对轴瓦进行刮研,主调压器检修,油开关、变压器油质实验分析			

【技能训练】

【训练资料】

(1)学校教材仓、后勤仓、物流实训中心等相关设备(如货架、托盘、叉车、集装箱等)。

(2)保养工作记录表格资料(见附件)。

【训练步骤】

1. 组织准备

(1)将全班同学按6~8人进行分组;选出小组长,小组长负责组织本小组成员参与活动。

(2)以抽签的方式安排各小组完成不同内容的保养任务,如货架、托盘、叉车、集装箱等。

(3)利用课余时间,由小组长组织本组成员对相关内容进行日常保养工作,填写保养工作记录表。

2. 布置任务

各小组委派代表上台讲解展示本小组在保养活动中的工作成果,相互交流保养过程中的所见所得。上交小组资料。

3. 考核评价

(1)教师根据各个小组的表现针对讲解内容的精彩性、正确性、完整性等内容进行评分与点评。评分比例占总成绩的30%左右。

(2)教师在点评内容的同时,对各个小组队员之间的团队合作、演讲组织能力等内容进行评分与指导。评分比例占总成绩的30%左右。

(3)教师根据各小组选用保养方法的可行性和效率性进行点评与评分。评分比例占总成绩的30%左右。

（4）开展学生自评项目。评分比例占总成绩的 10% 左右。

附件：

日常保养工作记录表

保养对象：_____

保养对象现状：_____

检查日期：____年____月____日

检查损坏部分：_____

1. 位置：_____ 设备情况：_____
整改意见：_____
是否紧急：_____
是否整顿抢修：_____

2. 位置：_____ 设备情况：_____
整改意见：_____
是否紧急：_____
是否整顿抢修：_____

3. 位置：_____ 设备情况：_____
整改意见：_____
是否紧急：_____
是否整顿抢修：_____

_____检查组人员（签章）：

【知识拓展】

部分物流公司标志和简介

德邦物流是国家 AAAA 级综合服务型物流企业，专业从事国内公路运输和航空运输代理，公司总部设在上海。	宝供物流企业集团有限公司创建于 1994 年，总部设在广州，是国内第一家以物流名称注册的企业集团。	顺丰速运（集团）有限公司是一家成立于 1993 年 3 月的港资速运企业，主要经营国际、国内快递及报关、报检等业务。

续表

中远物流		CNPL 中邮物流
中国远洋物流有限公司由中国远洋控股、中远太平洋合资组建,是目前我国最大的中外合资第三方物流企业。	中铁快运股份有限公司是中国铁路总公司直属专业运输企业,公司国内经营网络遍及全国31个省、自治区和直辖市。	中邮物流有限责任公司成立于2003年1月18日,隶属于中国邮政集团,是管理邮政物流业务的大型国有企业。
招商物流 CHINA MERCHANTS LOGISTICS	广东邮政物流配送服务有限公司	宅急送 ZJS EXPRESS
招商局物流集团有限公司是国资委直接管理的国有大型企业招商局集团有限公司全资下属子公司,总部在深圳蛇口。	广东邮政物流配送服务有限公司是广东省邮政局属下专营物流配送服务的专业化公司,总公司设在广州。	宅急送公司自1994年成立以来,公司以跨越式成长的发展进度,在全国建立了庞大的"快运网络",集团总部设在北京。
	南方物流 SOUTH LOGISTICS	白沙物流 Baisha
中铁联合物流股份有限公司成立于2001年11月,总部设在北京,连续多年进入"全国物流百强企业"行列。	南方物流集团是一家现代化综合服务型第三方物流企业,是国家5A级综合服务型物流企业,是广东省流通龙头企业。	白沙物流创立于1992年,是湖南中烟工业有限责任公司的全资子公司,是专业的第三方物流企业,总部位于深圳。

【课后巩固】

(1) 下列关于物流设备的保养与维护说法不正确的是(AD)。
A. 我国强调定期检测、强制维护的设备维护保养观
B. 物流设备的保养可采用"日常保养"和"定期保养"的二级保养制度
C. 日常保养的特点是经常化、制度化
D. 更换已磨损的零件属于定期保养的基本内容

(2) 物流机械设备的维护保养一般采用(B)保养制度。
A. 一级   B. 二级   C. 三级   D. 以上都不对

【参考答案】

任务3 物流设施设备锈蚀的防治与处理

 【任务目标】

(1) 能解释物流设备锈蚀的原因。
(2) 能描述设施设备出现锈蚀的危害性。

（3）能根据实际需求对物流设备进行防锈工作。

【练习思考】

某年1月14日，刘某在仓库进行操作作业。由于货架比较高，所以刘某一脚蹬在人字梯上，一脚踏在货架上，身体悬空作业。作业时，货架钢条突然发生断裂，刘某重心不稳从高处摔倒在地，经诊断其伤情为右股骨粗隆粉碎性骨折。事后调查发现，仓库货架日久失修并出现严重生锈现象，导致此次惨痛事故的发生。

请思考：仓库货架为什么会出现锈蚀现象？

【知识链接】

一、金属锈蚀概述

（一）概念和种类

金属锈蚀是指金属受到周围介质的化学作用或电化学作用而被损坏的现象。从金属锈蚀的类型来看，金属锈蚀主要有化学锈蚀和电化学锈蚀两种情况。

化学锈蚀主要是因为金属与氧气、水等接触，金属被氧化，以及其他有腐蚀性的化学物质对金属的腐蚀，如酸雨等。

电化学锈蚀则是因为原电池原理的腐蚀，是因为水在金属物表面形成水膜，溶解氧气、二氧化碳等物质，形成金属为负电位的原电池，使金属较快地被腐蚀。

（二）区别和联系

化学腐蚀与电化学腐蚀的区别与联系见表1-5。

表1-5 化学腐蚀与电化学腐蚀的区别与联系

对比项		化学腐蚀	电化学腐蚀
区别	条件	金属跟氧化性物质直接接触	不纯金属或合金跟电解质溶液及氧化剂接触
	现象	无电流产生	有微弱电流产生
	本质	金属被氧化	较活泼金属被氧化
相互联系		两者往往同时发生，电化学腐蚀更普遍	

二、物流设施设备锈蚀的原因

影响物流设施设备锈蚀的因素有许多，既有设备本身构造的特征因素，也有设备的储存环境因素的影响。

（一）物流设施设备构造的特征因素

1. 与金属制品种类有关

一般来说，电极电位负值越大的金属在大气中越容易锈蚀。

2. 与金属制品的杂质和所加其他金属成分有关

一般常用的金属材料及其制品都不是纯金属，而是多种成分的合金，在成分、组织、物理状态、表面状态等方面都存在各种各样的不均匀性，这就更增加了被锈蚀的可能性。

3. 与金属制品表面的镀层有关

有些钢铁制品为防止锈蚀，在其表面上常镀有具有保护作用的金属镀层。

金属镀层基本有两种类型：一种是阳极镀层，即镀层金属的电极电位较铁为负（如镀锌）；另一种是阴极镀层，即镀层金属的电极电位较铁为正（如镀镍、铜等）。这两种镀层的保护作用也不完全一样。严格来说，阴极镀层只有在没有孔隙和镀层不受破坏保持完整的情况下才能防止钢铁锈蚀，因而对有镀层的金属制品在储存过程中也不能忽视对它的防锈蚀工作。

4. 与金属制品的状态有关

金属制品物理状态的不均匀性也是影响电化学锈蚀的因素。

（二）物流设施设备的储存环境因素

（1）温度、湿度的无常变化。
（2）从人手接触中带入盐分或汗液。
（3）金属表面的沉积物不经常清除会变酸性。
（4）在浸渍过程中受盐酸腐蚀。
（5）沿海地区含盐分的空气。
（6）户外存放。
（7）海运（尤其是集装箱的海洋运输）。

三、物流设施设备锈蚀的危害性

物流设备被腐蚀后，在外形、色泽及机械性能方面都将发生变化，易造成设备破坏、管道泄漏、产品污染，酿成燃烧或爆炸等恶性事故及资源和能源的严重浪费，使国民经济受到巨大的损失。

例如，金属腐蚀使桥梁、建筑物的金属结构强度降低而造成坍塌；油管因穿孔或裂缝而漏油，引起着火爆炸；轮船的船体损坏；金属及其设备、仪器、仪表的精度和灵敏度降低，直至报废；飞机因某一零部件破裂而坠毁；化工厂中储酸槽穿孔泄漏，造成重大环境污染；管道和设备跑、冒、滴、漏，破坏生产环境；有毒气体的泄漏更会危及工作人员和附近居民的生命安全；等等。

> 据相关资料，全世界每年生产的钢铁约有10%因腐蚀而变为铁锈，大约30%的钢铁设备因此而损坏。这不仅浪费了材料，还往往会带来停产、人身安全和环境污染等事故。世界上几个主要工业发达国家的一些统计数据表明，这些国家由

项目一 物流设施设备及其保养

于金属的腐蚀造成的直接经济损失占国民生产总值的 2%～4%，可见数字是惊人的，损失是巨大的。

四、物流设施设备锈蚀的防治方法

（一）物流设备预防锈蚀的方法

物流设备防锈方法是针对金属锈蚀原因采取的预防措施。既然金属锈蚀是因为潮湿、高温、氧气、二氧化硫、氯化物、尘埃等因素造成的，所以防锈就要避免或减缓这些因素所引起的金属锈蚀作用。

目前常采用的防锈方法如下：

（1）在金属冶炼时加入某些元素，提高金属抵抗外部介质侵蚀的能力。

（2）对金属制品进行耐腐蚀表面处理，使之形成表面转化层或加制表面覆层，如涂油漆、镀 Zn、镀 Sn、镀 Cr 等，或制成氧化膜。

（3）阴极保护。即利用防锈剂、气相缓蚀剂、可剥塑料、密封等办法使金属表面与外界环境暂时隔离。这种方法的防锈期可达几个月到几年，应用比较普遍。

（4）电化学保护法。因为金属单质不能得电子，只需要根据电化学原理在金属设备上采取电化学措施，使之成为腐蚀电池中的阴极，从而防止或减轻金属发生腐蚀现象。

（二）物流设施设备锈蚀的治理方法

常用的除锈方法包括手工除锈、机械除锈和化学除锈。

1. 手工除锈

手工除锈的工具有榔头、铲刀、刮刀、钢丝刷等，一般厚的锈斑先用榔头敲松再用铲刀铲除。

2. 机械除锈

机械除锈的工具和工艺较多，主要的有以下四种：

（1）小型风动或电动除锈。主要以电或压缩空气为动力，装配适当的除锈装置，进行往复运动或旋转运动，以适应各种场合的除锈要求。

（2）喷丸（砂）除锈。主要以颗粒喷射冲蚀作用构成的锈，以达到表面清洁和适宜的粗糙度，能较为彻底地清除金属表面所有的杂质。

（3）高压水磨料除锈。利用高压水射流的冲击作用（加上磨料的磨削作用）和水撬作用破坏锈蚀和涂层对钢板的附着力。

（4）抛丸除锈。利用高速旋转的叶轮将磨料抛向设备的钢铁表面来达到除锈目的。

3. 化学除锈

化学除锈主要是利用酸与金属氧化物发生化学反应，从而除掉金属表面的锈蚀产物，即通常所说的酸洗除锈，只能在车间内操作。

🌐【技能训练】

【训练资料】

（1）学校教材仓、后勤仓、物流实训中心等相关设备。

（2）活动记录表格资料（见附件）。

【训练步骤】

1. 组织准备

（1）将全班同学按 6~8 人进行分组；选出小组长，小组长负责组织本小组成员参与活动。

（2）以抽签的方式安排各小组完成不同内容的保养任务，如生锈货架、生锈货叉、生锈铁托盘、生锈集装箱等。

（3）利用课余时间，由小组长组织本组成员对相关内容进行去锈翻新保养工作，书写保养总结报告。

2. 布置任务

各小组委派代表上台讲解展示本小组在保养活动中的工作成果，相互交流保养过程中的所见所得。上交小组资料。

3. 考核评价

（1）教师根据各个小组的表现针对讲解内容的精彩性、正确性、完整性等内容进行评分与点评。评分比例占总成绩的 30% 左右。

（2）教师在点评内容的同时，对各个小组队员之间的团队合作、演讲组织能力等内容进行评分与指导。评分比例占总成绩的 30% 左右。

（3）教师根据各小组选用保养方法的可行性和实用性进行点评与评分。评分比例占总成绩的 30% 左右。

（4）开展学生自评项目。评分比例占总成绩的 10% 左右。

附件：

_____保养进度表

保养对象：_____

保养对象现状：_____

检查日期：_____年____月____日

检查损坏部分：_____

设备情况：_____

是否紧急：_____

是否去锈：_____

如何保养：_____

_____检查组人员（签章）：

【参考视频】

【知识拓展】

酸雨与环境

现代文明给人类带来进步,人类成了自然界的主人。但主宰过了头,自然界又反过来惩罚人类。酸雨,人称"空中死神",是目前人类遇到的全球性灾难之一。

1. 酸雨的发现

近代工业革命从蒸汽机开始,锅炉烧煤,产生蒸汽,推动机器。而后火力电厂星罗棋布,燃煤数量日益猛增。遗憾的是,煤中所含的杂质硫约占1%,在燃烧中排放出酸性气体二氧化硫。燃烧产生的高温也能促使助燃的空气发生部分化学变化,如氧气与氮气化合,排放出酸性气体氮氧化物。它们在高空中被雨雪冲刷、溶解,形成了酸雨。

1872 年,英国科学家史密斯分析了伦敦市的雨水成分,发现它呈酸性:农村雨水中含碳酸铵,酸性不大;郊区雨水含硫酸铵,略呈酸性;市区雨水含硫酸或酸性的硫酸盐,呈酸性。于是,史密斯首先在他的著作《空气和降雨:化学气候学的开端》中提出"酸雨"这一专有名词。

2. 酸雨率

一年之内可降若干次雨水,有的是酸雨,有的不是酸雨。一般将某地区的酸雨次数除以降雨的总次数称为酸雨率,其最低值为 0%,最高值为 100%。如果有降雪,当以降雨视之。有时,一次降雨过程可能持续几天,所以酸雨率应以一次降水全过程为单位,即酸雨率为一年出现酸雨的降水过程次数除以全年降水过程的总次数。

酸雨率是判别某地区是否为酸雨区的一个重要指标。目前,全球有三大块酸雨地区:西欧、北美和东南亚。我国长江以南也存在连片的酸雨区域。

3. 酸雨的危害

酸雨给地球生态环境和人类社会经济都带来了严重的影响和破坏。研究表明,酸雨对土壤、水体、森林、建筑、名胜古迹等自然和人文景观均带来严重危害,不仅造成重大经济损失,更危及人类的生存和发展。

酸雨使土壤酸化,肥力降低,其中蕴含的有毒物质更是毒害作物根系,杀死根毛,导致发育不良或死亡;酸雨能杀死水中的浮游生物,减少鱼类食物来源,破坏水生生态系统;酸雨能污染河流、湖泊和地下水,直接或间接危害人体健康;酸雨对森林的危害更不容忽视,酸雨淋洗植物表面,直接伤害或通过土壤间接伤害植物,促使森林衰亡;酸雨对金属、石料、水泥、木材等建材均有很强的腐蚀作用,因而对电线、铁轨、桥梁、房屋等均会造成严重损害。

在酸雨区,酸雨造成的破坏比比皆是,触目惊心。如在瑞典的 9 万多个湖泊中,已有 2 万多个遭到酸雨危害,4 000 多个成为无鱼湖。美国和加拿大许多湖泊成为死水湖,鱼类、浮游生物,甚至水草和藻类均一扫而光。北美酸雨区已发现大片森林死于酸雨。德国、法国、瑞典、丹麦等国已有 700 多万公顷森林正在衰亡。我国四川、广西等地有 10 多万公顷森林也正在衰亡。世界上许多古建筑和石雕艺术品遭酸雨腐蚀而严重损坏,如我国的乐山大佛、加拿大的议会大厦等。最近发现,北京卢沟桥的石狮和附近的石碑,五塔寺的金刚宝塔等均遭酸雨侵蚀而严重损坏。

4. 酸雨的防治

酸雨是由大气污染造成的,而大气污染是跨越国界的全球性问题,所以,酸雨治理需要世界各国齐心协力。

防治酸雨最根本的措施是减少人为硫氧化物和氮氧化物的排放。实现这一目标有两个途径,一是调整以矿物燃料为主的能源结构,增加无污染或少污染的能源比例,发展太阳能、核能、水能、风能、地热能等不产生酸雨污染的能源。二是加强技术研究，减少废气排放，积极开发利用煤炭的新技术，推广煤炭的净化技术、转化技术，改进燃煤技术，改进污染物控制技术，采取烟气脱硫、脱氮技术等重大措施。如在 1980—1986 年，法国发电量虽然增加了 4%，但二氧化硫排放量减少了一半，大气质量明显改善，主要原因是其核电比重由 24% 上升到了 70%。由于二氧化硫是我国酸雨的祸根，国家环保总局已在全国范围对二氧化硫超标区和酸雨污染区进行了严格控制，控制高硫煤的开采、运输、销售和使用，同时采取有效措施发展脱硫技术，推广清洁能源技术。

同时，政府职能部门应制订严格的大气环境质量标准，调整工业布局，改造污染严重的企业，加强大气污染的监测和科学研究，及时掌握大气中的硫氧化物和氮氧化物的排放和迁移状况，了解酸雨的时空变化和发展趋势，以便及时采取对策。

在酸雨的防治过程中，生物防治可作为一种辅助手段，在污染重的地区可栽种一些对二氧化硫有吸收能力的植物，如垂山楂、洋槐、云杉、桃树、侧柏等。

【课后巩固】

（1）相对于在内河行驶的轮船来说，在海洋中航行的船舶更容易被腐蚀。为什么？

（2）库外作业叉车与库内作业叉车相比较，哪种类型叉车更容易生锈？为什么？

【参考答案】

(1) 海水为咸水，而且海船长期暴露在空气中，还经常日晒雨淋。

(2) 库外作业叉车更易生锈，经常使用，长期出现磨损。长期暴露在空气中，经常风吹雨淋。

项目 2

仓库温湿度调控

【学习目标】

知识目标	能描述中国的气候特征 能说明仓库内部结构对仓储货物保养的影响 认识商品质量变化的类型 能说明温湿度对商品变化类型的影响 能解释库内外温湿度变化的规律
技能目标	能根据仓库货物现象迅速判断货物发生的变化类型 根据实际需求对仓库进行温湿度调控
职业能力目标	让学生全面了解天气对货物的影响,从而树立正确的仓库温湿度监测工作态度

任务1　仓库温湿度管理

【任务目标】

（1）能描述仓库内部布局对在库货物存储的影响程度。
（2）能解释影响仓库温湿度变化的因素。
（3）会正确使用仓库温湿度测量工具。

【练习思考】

（1）请问如何区分冷冻仓、冷藏仓、常温仓？
（2）对于巧克力、蛋黄派、饼干、茶叶等食品，应该如何存放？在存放过程中，选用哪种仓库存放较为合适？

【参考答案】

【知识链接】

要做好仓库内部布局的温湿度调控工作，首先要学习和掌握空气温湿度的基本概念及有关的基本知识。

一、温湿度的概念

1. 空气温度

空气温度是表示空气冷热程度的物理量。

一般来说，距地面越近气温越高，距地面越远气温越低。在国内仓库日常温度管理中，温度多用摄氏度表示，凡0℃以下，在度数前加一个"－"，即表示零下多少摄氏度。

2. 空气湿度

空气湿度是指空气中水汽含量的多少或空气干湿的程度。

空气湿度的主要表示方法：
（1）绝对湿度。绝对湿度是指单位容积的空气里实际所含的水汽量，一般以"克"为单位。温度对绝对湿度有着直接影响。
（2）饱和湿度。饱和湿度是表示在一定温度下，单位容积空气中所能容纳的水汽量的最大限度。如果超过这个限度，多余的水蒸气就会凝结，变成水滴，此时的空气湿度便称为饱和湿度。

（3）相对湿度。相对湿度是指空气中实际含有的水蒸气量（绝对湿度）距离饱和状态（饱和湿度）程度的百分比。即在一定温度下，绝对湿度占饱和湿度的百分比数。相对湿度用百分率来表示。

二、仓库布局对仓库温湿度调控的影响

仓库平面布局指对仓库的各个部分——存货区、入库检验区、理货区、流通加工区、配送备货区、通道及辅助作业区在规定范围内进行全面合理的安排，如图2.1所示。仓库平面布局是否合理，将对仓储作业的效率、仓库温湿度调控、储存质量、储存成本和仓库盈利目标的实现产生很大影响。

【参考示例】

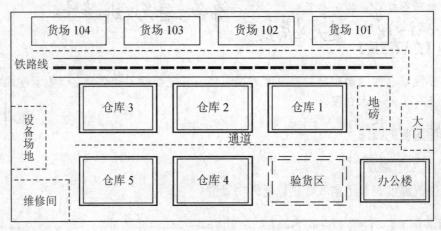

图 2.1　仓库平面布局

仓库按照温湿度要求分为<u>常温仓库</u>、<u>恒温仓库</u>、<u>冷藏仓库</u>、<u>冷冻仓库</u>等类别，不同的仓库类别对于温度与湿度要求都不一样。

不同类别仓库的温湿度要求：
（1）常温仓库。其温度设定在5~40℃，相对湿度设定在60%~99%。
（2）恒温仓库。其温度设定在5~15℃，相对湿度设定在80%~90%。
（3）冷藏仓库。其温度设定在0~5℃，相对湿度设定在50%以下。
（4）冷冻仓库。其温度设定在-35~-2℃，相对湿度设定在30%以下。

一个仓库通常由生产作业区、辅助生产区和行政生活区三大部分组成。
（1）生产作业区。仓库的主体部分，是商品储运活动的场所，主要包括储货区、

铁路专运线、道路、装卸台等。生产作业区对应温湿度要求为常温区，温度变化在10～35℃，湿度方面没有很明确要求。

（2）辅助生产区。为商品储运保管工作服务的辅助车间或服务站，包括车库、变电室、油库、维修车间等。辅助生产区对应温湿度要求为恒温区，温度变化在10～25℃，湿度方面有明确要求，注意防潮。

（3）行政生活区。仓库行政管理机构和员工休憩生活区域，一般设在仓库入口附近，便于业务接洽和管理。行政生活区与生产作业区应分开，并保持一定距离，以保证仓库的安全及行政办公和居民生活的安静。行政生活区对应温湿度要求为常温区，温度变化在10～35℃，湿度方面没有很明确要求，主要以适宜居住为宜。

三、仓库内温湿度测量工具

思考题：在仓库内经常看到以下这些仪器工具，你知道这些仪器工具叫什么吗？有什么功能呢？你会读取这些仪器工具吗？

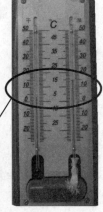

【参考答案】

（1）常规温度计。如高温计、货物体温计、玻璃液体（水银或红液）温度计等，如图2.2所示。

（1）货物体温计　　　（2）高温计　　　（3）水银温度计

图2.2　常规温度计

（2）电子数字式温度计。如热电偶数显温度计、热电阻数显温度计、红外测温仪、温度自动记录仪等。电子数字式温度计如图2.3所示。

（3）新型测温工具。如测温条、测温笔和测温涂料、仓库多路记录仪、手摇式干湿温度计（如图2.4所示）等。

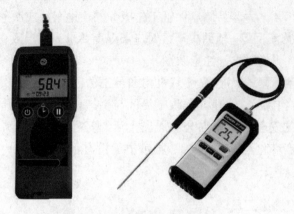

图2.3　电子数字式温度计

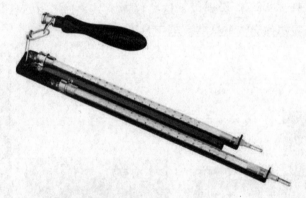

图2.4　手摇式干湿温度计

（4）测定仓库布局的温湿度通常使用干湿球温度计。干湿球温度计及其原理如图2.5所示。

 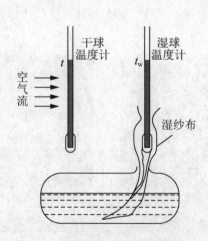

（1）干湿球温度计　　　　　　（2）干湿球温度计的原理图

图2.5　干湿球温度计及其原理图

四、部分仓库温湿度测量工具的使用方法

1. 手摇式干湿温度计的使用方法

手摇式干湿温度计的使用方式如图 2.6 步骤所示。

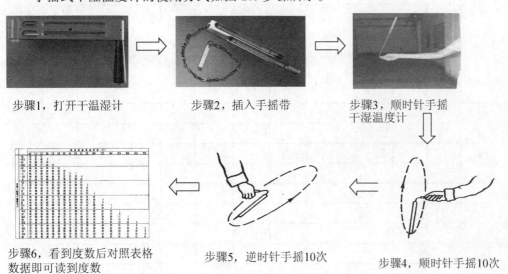

图 2.6　手摇式干湿温度计使用方法

2. 干湿球温度计的使用方法

首先察看干球温度计华氏示度（如 80℉），然后察看湿球温度计示度（如 70℉）。转动转筒，对准下湿差度"10"，此时湿球温度计示度 70 与转筒上查标表"10"相交的数字，即是当时的相对湿度 55%。在水盂中有水的情况下，干湿球温度计示度相等时，相对湿度为 100%。

【参考视频】

(1) 干湿球温度计的测量时间。每日上午 9 时、下午 3 时各记录 1 次。

(2) 悬挂位置。一座库房挂两个干湿球温度计，一个挂在不靠门窗、墙角而空气又能适当流通的地方，避免日光直接照射，高度宜在 1.5m 左右，以便保管人员起立平视观测；另一个挂在温度和湿度最差位置。

在库外，为避免阳光、雨水、灰尘的侵袭，应将干湿球温度计放在百叶箱内。百叶箱中温度表的球部离地面高度为 2m，百叶箱的门应朝北安放，以防观察时受阳光直接照射。箱内应保持清洁，不放杂物，以免造成空气不流通。

在库内，干湿球温度计应安置在空气流通、不受阳光照射的地方，不要挂在墙上，离地面高度为 1.5m 左右。

五、仓库温湿度记录表格

仓库温湿度随时随地会发生变化，为了确保仓库货物的质量，创造适宜于物品储存的环境，企业要求仓库管理员定时观察仓库温湿度仪器，并填写相应的记录表格，为调控仓库温湿度提供数据支持。温湿度检测记录表见表 2-1。

表 2-1　温湿度检测记录表

年　月　　　　　　　　　　　　　　　　　　　　　　　　记录人：

日期	上午			采取措施后		下午			采取措施后	
	温度/℃	相对湿度/(%)	如超标,采取何种养护措施	温度/℃	相对湿度/(%)	温度/℃	相对湿度/(%)	如超标,采取何种养护措施	温度/℃	相对湿度/(%)
1										
2										
3										
4										
5										
6										
7										
8										
9										
10										
11										
12										
13										
14										
15										

注意：

① 每日必须定时对温湿度进行观测，并在表上予以记录。

② 白班 9 时—10 时与 15 时—16 时各观测一次，将观测的数据记录在表中。

③ 记录资料要妥善保存，定期分析，找出规律，以便掌握物品保管的主动权。

【技能训练】

【训练资料】

课前让学生利用计算机网络、学校图书馆、学校实训设备等各种资源收集巧克力、蛋黄派、饼干、茶叶等食品的温湿度要求。针对抽签选用的食品设计不同种类仓库或货架的保存方案。

【训练步骤】

1. 组织准备

（1）将全班同学按 6～8 人进行分组；选出小组长，小组长负责组织本小组成员参与活动。

（2）将训练资料（不同品种的食品保存要求）按组数分成对应的份数。

（3）以抽签的方式安排小组任务以示公正。

（4）各小组拿到对应任务后，进行保存仓库设计与选用，并书写保存选用报告。

2. 布置任务

（1）下达任务书。在规定的时间范围内，各小组针对所抽取的食品保存要求内容进行讨论，各小组组长负责整理各小组资料。

（2）各小组安排一名代表上台讲解展示本小组的工作成果，并上交保存选用报告的相关资料。

3. 考核评价

（1）教师根据各个小组的表现针对讲解内容的精彩性、正确性、完整性等内容进行评分与点评。评分比例占总成绩的60%左右。

（2）教师在点评内容的同时，对各个小组队员之间的团队合作、演讲组织能力等内容进行评分与指导。评分比例占总成绩的35%左右。

（3）开展学生自评项目。评分比例占总成绩的5%左右。

【知识拓展】

我国气候

我国国土辽阔，从南到北有热带、亚热带、暖温带、温带、寒温带几种不同的气候带。其中，亚热带、暖温带、温带约占70.5%，并拥有青藏高原这一特殊的高寒区。南部的雷州半岛、海南、台湾和云南南部各地，全年无冬，四季高温多雨。长江和黄河中下游地区，四季分明。北部的黑龙江等地区，冬季严寒多雪。广大西北地区，降水稀少，气候干燥，冬冷夏热，气温变化显著。西南部的高山峡谷地区，依海拔高度的上升，呈现出从湿热到高寒的多种不同气候。此外，中国还有高山气候、高原气候、盆地气候、森林气候、草原气候和荒漠气候等多种具体气候。

我国气候多样，大陆性季风气候是其基本特点，主要呈现以下三个主要特征：

(1) 气温年较差和日较差较大，冬夏极端气温较差更大。

(2) 降水分布很不均匀。主要表现在年降水量自东南向西北逐渐减少，比差为40∶1。在季节分配上，冬季降水少，夏季降水多，且年际变化很大。

(3) 冬夏风向更替十分明显。冬季的冷空气来自高纬度大陆区，多为偏北风，寒冷干燥。夏季的风主要来自海洋，多为偏南风，湿润温暖。

我国季风区和非季风区分界线：大兴安岭—阴山—贺兰山—巴颜喀拉山—冈底斯山脉。此线以东为季风区，以西为非季风区。

我国非季风区内主要是温带大陆性气候（青藏高原为高原山地气候）。非季风区由于纬度位置的不同而不同，以秦岭—淮河为界，以南主要是亚热带季风气候，以北主要是温带季风气候。

总体上，我国东部是季风气候，西部内陆为大陆性气候。东部以秦岭—淮河为分界线，北方为温带季风气候，雨热同期，树种为温带落叶阔叶林。南部亚热带季风气候，树种为亚热带常绿林。西部由于山脉阻挡主要是温带大陆气候，降水少，气候干旱。西南地区的云南、广西南部、广东南部、海南、台湾南部为热带季风气候。北回归线以北到秦岭—淮河一线以南的中东部地区为亚热带季风气候。青藏高寒区为高山高原气候。秦岭淮河以北的东部地区为温带季风气候，中西部为温带大陆性气候。总体而言，我国以大陆性为主，季风气候显著，体现了从沿海到内陆的经度地带性差异。

【参考视频】

【参考答案】

🔍 【课后巩固】

（1）存储白糖的仓库，在温湿度管理方面有什么要求？
（2）存放电子材料的仓库，对温湿度调控管理有什么要求？

 任务2　温湿度变化对商品储存的影响

 【任务目标】

（1）能区分商品质量变化的类型。
（2）能描述温湿度对商品变化类型的影响。
（3）能根据仓库货物现象迅速判断货物发生的变化类型。

【参考答案】

 【练习思考】

经常听说在食品加工储运过程中，温度与湿度的超标都能直接导致食物变质，对吗？请分别列举生活中的典型案例来说明。

【参考资料】

📖 【知识链接】

在不同的温湿度条件下，商品会发生一系列质量变化现象：轻则挥发或蒸发水分；重则发生化学变化以致商品发生变质现象。

商品的质量是指商品在一定条件下，满足人们需要的各种属性。由于商品本身的性能特点不同，以及受各种外界因素的影响，商品在储存期间有可能发生各种各样的质量上的变化。商品质量变化的类型有物理机械变化、化学变化、生化变化等。

一、商品的物理机械变化

物理变化是指没有新物质生成，只是改变物质外在形态或状态，而不改变其本质，并且可以反复进行变化的现象。

商品的机械变化是指商品在外力的作用下，发生形态上的变化。物理、机械变化后，结果不是数量损失，就是质量降低，甚至使商品失去使用价值。

商品常见的物理机械变化有挥发、熔化、溶化、渗漏、串味、沾污、破碎与变形等。

挥发是低沸点的液体商品，经气化而散发到空气中的现象。防止商品挥发，主要措施就是要加强包装的密封性。此外，要控制仓库温度，高温季节要采取降温措施，保持较低温度条件下储存，以防挥发。

在生活中，比较容易产生挥发现象的商品如图 2.7 所示。

图 2.7　容易产生挥发现象的商品

熔化指低熔点的商品受热后发生软化以至化为液体的现象。预防商品的熔化应根据商品的熔点高低，选择阴冷通风的库房储存。在保管过程中，一般可采用密封和隔热的措施，加强库房的温湿度管理，防止日光照射，尽量减少温度的影响。

在生活中，比较容易产生熔化现象的商品如图 2.8 所示。

图 2.8　容易产生熔化现象的商品

熔化就是指固体商品在保管过程中，吸收空气和环境中的水分，当吸收数量达到一定程度时，就会熔化成液体。商品熔化后本身的性质没有发生变化，但由于形态改变，给存储带来了很大的不便。对易熔化的商品应按商品性能，分区分类存放在干燥阴冷的库房内，避免与含水量较大的商品共同储存。在堆码时要注意底层商品的防潮和隔潮，垛底要垫得高一些，并采取吸潮和通风相结合的温湿度管理方法来防止商品吸湿熔化。

在生活中，比较容易产生熔化现象的商品如图 2.9 所示。

化工原料　　　　明矾　　　　奶粉　　　　调味料　　　　药丸

图 2.9　容易产生熔化现象的商品

渗漏指液体商品，特别是易挥发的液体商品，由于包装容器不严密，包装质量不符合商品性能的要求及在搬运装卸时碰撞震动破坏了包装，而使商品发生跑、冒、滴、渗的现象。

在生活中，比较容易产生渗漏现象的商品如图 2.10 所示。

罐装饮料　　　　清洁用品　　　　牛奶类产品

图 2.10　容易产生渗漏现象的商品

串味指吸附性较强的商品吸附其他气体、异味，从而改变其本来气味的变化现象。预防商品的串味，应对易被串味的商品尽量采取密封包装，在储存中不得与有强烈气味的商品同库储存，同时还要注意仓储环境的清洁卫生。

在生活中，易被其他物质串味的商品如图2.11所示。

大米　　　　　面粉　　　　　木耳　　　　　卷烟　　　　　饼干

图 2.11　易被其他物质串味的商品

在生活中，容易引起其他商品串味的商品如图2.12所示。

农药　　　　　樟脑　　　　　腌肉　　　　　汽油　　　　　煤油

图 2.12　容易引起其他商品串味的商品

沾污指商品外表沾有其他较脏的物质，或含有其他污秽的现象。其主要原因是生产、运输、储存中卫生条件差及包装不严所致。对于有些外观质量要求比较高的商品，比如服装、仪器等要特别注意。

在生活中，比较容易产生沾污现象的商品如图2.13所示。

丝绸类衣服　　　　　　仪器类　　　　　　设备类

图 2.13　容易产生沾污现象的商品

破碎与变形指商品在外界力的作用下所发生的形态上的改变。容易破碎和变形的商品，要注意妥善包装、轻拿轻放。在对商品堆垛时，还要注意商品或商品外包装的压力极限。

在生活中，比较容易发生破碎与变形现象的商品如图2.14所示。

铁制品　　　陶瓷类　　　瓷罐　　　玻璃　　　皮革类

图2.14　容易发生破碎与变形现象的商品

二、商品的化学变化

【参考视频】

商品的化学变化是不仅改变物质的外表形态，也改变物质的本质，并生成新物质，且不能恢复原状的变化现象。商品发生化学变化，即商品质变的过程，严重时会使商品完全丧失其使用价值。常见的化学变化有化合、分解、氧化、聚合、老化、风化、锈蚀等形式。

（一）氧化

氧化指商品与空气中的氧及其他能释放出氧的物质发生结合的变化。商品的氧化如图2.15所示。

图2.15　商品的氧化

（二）分解

分解指有些性质不稳定的商品，在光、热、电、酸及潮湿空气的作用下，由一种物质生成两种或以上物质的变化现象。商品的分解如图2.16所示。

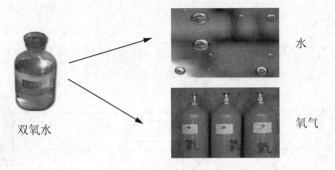

图 2.16　商品的分解

（三）化合

化合指商品在储存期间，在外界条件的影响下，两种及以上的物质相互作用，生成一种新物质的反应。例如，镁在空气中燃烧，会发出耀眼的白光、放出热量并生成白色粉末。

（四）聚合

聚合指有些商品在外界条件影响下，能使同种分子互相加成后，结合成一种更大分子的现象。

（五）水解

水解指某些商品遇水发生分解的现象。比如肥皂和硅酸盐，其水解的产物是碱和酸，这样就同原来的商品有不同的性质。

（六）锈蚀

锈蚀指金属或金属合金同周围的介质相互接触时，相互间发生了某种反应，而逐渐遭到破坏的过程，如图 2.17 所示。

图 2.17　商品锈蚀

三、商品的生化变化

生化变化是指有生命活动的有机体商品，在生长发育过程中，为了维持它们的生命，本身所进行的一系列生理变化，如粮食、水果、蔬菜、鲜鱼、鲜肉、鲜蛋等有机体商品，在储存过程中，受到外界条件的影响，和其他生物作用，往往会发生这样或那样的变化。这些变化主要有呼吸、发芽、胚胎发育、后熟、霉腐、虫蛀等。

（一）呼吸

呼吸指有机商品在生命活动过程中，不断进行呼吸，分解体内有机物质，产生热量，维持其本身的生命活动的现象，如图 2.18 所示。

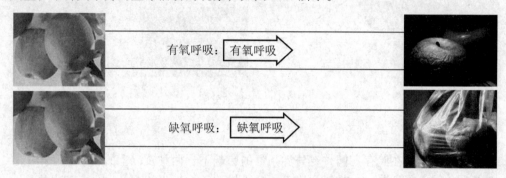

图 2.18　有机商品的呼吸

（二）发芽

发芽指有机商品在适宜的条件下，冲破休眠状态，发生的发芽、萌发现象，如图 2.19 所示。

图 2.19　有机商品发芽

（三）胚胎发育

胚胎发育主要指动物的卵从受精到孵出或产出的发育过程。例如，鸡蛋的胚胎发育，当温度和供氧条件适宜时，胚胎会发育成血丝蛋、血环蛋，如图 2.20 所示。

图 2.20　胚胎发育

（四）后熟

后熟就是指瓜果、蔬菜等食品在脱离母株后继续其成熟过程的现象，如图 2.21 所示。

图 2.21 食品的后熟作用

（五）霉腐

霉腐指非金属商品在霉腐微生物作用下所发生的霉变、腐败、性能降低甚至完全损坏的现象，如图 2.22 所示。

【参考视频】

图 2.22 非金属商品的霉腐现象

四、影响商品质量变化的因素

引起商品质量变化的因素有内在因素和外在因素：内因是变化的根据；外因是变化的条件。影响商品质量变化的内因主要是商品成分、结构和性质；影响商品质量变化的外因主要有空气中的氧气、日光、微生物、仓库害虫、空气温度、空气湿度、卫生条件和有害气体等。下面主要介绍空气当中的温湿度变化所引起商品发生的质量变化。

1. 空气温度

气温是影响商品质量变化的重要因素。温度能直接影响物质微粒的运动速度：一般商品在常温或常温以下，都比较稳定；高温能够促进商品的挥发、渗漏、熔化等物理变化及各种化学变化；而低温又容易引起某些商品的冻结、沉淀等变化；温度忽高忽低，会影响到商品质量的稳定性。此外，温度适宜时会给微生物和仓库害虫的生长繁殖创造有利条件，加速商品腐败变质和虫蛀。因此，控制和调节仓储商品的温度是商品养护的重要工作内容之一。

2. 空气湿度

空气的干湿程度称为空气湿度。空气湿度的改变，能引起商品的含水量、化学成分、外形或体态结构等的变化。湿度下降，将使商品因放出水分而降低含水量，减轻重量，如水果、蔬菜、肥皂等会发生萎蔫或干缩变形，纸张、皮革制品等会发生干裂或脆损；湿度增高，商品含水量和重量相应增加，如食糖、食盐、化肥等易溶性商品结块、膨胀或进一步熔化，钢铁制品生锈，纺织品、竹木制品、卷烟等发生霉变或被虫蛀等。湿度适宜，可保持商品的正常含水量、外形或体态结构和重量。

因此，在商品养护中，必须掌握各种商品的适宜湿度要求，尽量创造商品适宜的空气湿度。

【技能训练】

【训练资料】

课前准备一份关于商品质量变化类型的知识竞赛题目，并制作PPT。选1名学生负责主持工作。安排3名学生负责评分工作。

【训练步骤】

1. 组织准备

（1）将全班同学按6~8人进行分组；选出小组长，小组长负责组织本小组成员参与活动。

（2）主持人做好准备工作，并熟读比赛规则（比赛规则详见"附件"）。

（3）评分员做好评分准备，并确定时间与记录成绩。

（4）竞赛共分两部分内容，即必答题和抢答题。

（5）总时间为45min。

2. 布置任务

（1）下达任务书。主持人在比赛开始前宣读比赛规则与评分规则，并宣布比赛开始。

（2）第一轮是必答题，评分员做好计时与计分工作。

（3）第二轮是抢答题，评分员做好计时与计分工作。

3. 评分标准

比赛过程中一切以规则与评分标准为准。

附件：

知识竞赛比赛规则

一、必答题规则

1. 个人必答题规则

（1）个人必答题每队每人1题，每题10分，答对加10分，答错不扣分。

（2）个人必答题每队按选手编号从1~5号轮流作答，其他队员不得代为作答或提示，否则倒扣10分。

（3）选手答题时间从主持人读完题目并宣布"开始计时"开始计算，不得超过30s（最后5s提示），超时作答不得分。

2. 小组必答题规则

（1）小组必答题每队两题，每题10分，答对加10分，答错不扣分。

（2）答题时选手可以相互讨论，由一名队员起立作答，其他人可以在规定时间内补充。

（3）每题队内讨论和答题时间的总和不得超过50s（最后5s提示）。超时算答错，不得分。

续

二、抢答题规则

（1）抢答题共 30 题，每题 10 分，答对加 10 分，答错扣 10 分。

（2）各参赛代表队必须在主持人念完题并宣布"开始抢答"后才可抢答，主持人宣布"××队答题"后方可答题。答对得 10 分。提前抢答或答错扣代表队 10 分，其他队可在主持人宣布"继续抢答"后继续抢答。得分规则同上。若 1 分钟内无人抢答，此题作废。

（3）抢答题答题时间不得超过 30s（最后 5s 提示），违者视作答错，扣该代表队 10 分。

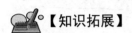【知识拓展】

影响库存商品质量的因素

影响库存商品质量的因素很多，主要有两个方面：一是商品内在的因素，二是商品外在的因素。外在因素通过内在因素起作用，对此我们必须有全面的了解，方能掌握库存商品变化的规律，科学地进行商品保管工作。

1. 商品质量变化的内在因素

商品在储存期间发生各种变化，起决定作用的是商品本身的内在因素。商品的组织结构、化学成分及理化性质等，都是在制造中决定了的，在储存过程中，要充分考虑这些性质和特点，创造适宜的储存条件，减少或避免其内部因素发生作用而造成商品质量的变化。引起商品质量变化的内在因素主要有以下几个方面：

（1）商品的化学性质。商品的化学性质指商品的形态、结构以及商品在光、热、氧、酸、碱、湿度、温度等作用下，发生改变商品本质的性质。与商品储存密切相关的商品的化学性质包括商品化学稳定性、毒性、腐蚀性、燃烧性、爆炸性等。

（2）商品的物理性质。商品的物理性质主要包括导热性、耐热性、吸湿性、含水率、吸湿率、透气性、透湿性、透水性。物理性质是决定和判断商品品质、种类的依据，也能反映商品种类、品种的特征，特别是能判断许多食品品质优劣和正常与否。

（3）商品的机械性质。商品的机械性质指商品的形态、结构在外力作用下的反应。商品的这种性质与其质量关系极为密切，是体现适用性、坚固耐久性和外观的重要内容，主要包括商品的弹性、塑性、强度等。

2. 商品质量变化的外在因素

商品质量变化的外在因素，可分为自然条件因素和社会因素两大类。自然条件因素主要有以下几个方面：

（1）温湿度。正文已述，此处不再介绍。

（2）日光照射。太阳光含有热量、紫外线、红外线等，对商品起着正反两方面的作用。一方面，日光能加速受潮商品的水分蒸发，杀死微生物和商品害虫，是有利于商品的养护的；另一方面，某些商品在光的照射下，会发生物理化学变化，如挥发、老化、褪色等。因此，要根据不同商品特点，注意避免或减少日光的照射。

（3）臭氧和氧的作用。仓库内一定量的臭氧可以高效、快速、广谱地杀菌，也能够起到商品防护保鲜的作用，但是若含量过高，对人和物都会造成损伤。氧很活跃，空气中 21% 左右的气体是氧气，能和许多商品发生作用，对商品质量变化影响很大。因此，在商品保管养护中，对受臭氧和氧影响较大的商品，要采取方法进行隔离。

（4）有害气体的影响。有害气体主要来自燃料燃烧时放出的烟尘及工业生产过程中产生的粉尘、废气。商品储存在有害气体浓度大的空气中，其质量变化明显，特别是金属商品，必须远离二氧化硫气体的发源地。

(5) 微生物及虫鼠害的侵害。微生物和虫鼠会使商品发生霉腐、虫蛀现象。微生物可使商品产生腐臭味和色斑霉点,影响商品的外观,同时使商品受到破坏、变质,丧失其使用或食用价值。虫鼠在仓库不仅蛀食动植物性商品和包装,有的还能危害塑料、化纤等化工合成商品,甚至毁损仓库建筑物。

(6) 卫生条件。卫生条件不好,不仅使灰尘、油垢、垃圾等污染商品,造成某些外观瑕疵和感染异味,还为微生物、仓库害虫创造了活动场所。所以在储存过程中,一定要搞好储存环境卫生,保持商品本身的卫生,防止商品间的感染。

另一个引起商品质量变化的外在因素就是社会因素,主要包括国家的方针政策、生产经济形势、技术政策和企业管理人员素质以及规章制度等。这些因素影响商品的储存规模、储存水平及储存时间,对储存质量具有间接影响。

【课后巩固】

根据上述内容,请完成以下单选题练习。
(1) 防止商品挥发的主要措施有(B)。
  A. 加强包装的透气性   B. 加强包装的密封性
  C. 加强配送保管   D. 加强包装的透水性
(2) 易溶商品必须具有(C)性能。
  A. 吸水与吸气性   B. 储存与保管   C. 吸湿与水溶性
(3) 常易发生沉淀的商品有(B)。
  A. 墨水   B. 糖水   C. 泉水
(4) 易发生串味的商品种类有(B)。
  A. 泡沫   B. 香烟   C. 白纸   D. 玻璃
(5) 减少有害气体对商品质量影响的途径有(B)。
  A. 把商品密封   B. 改善空气的成分
  C. 改进商品的包装   D. 搞好环境的卫生

【参考答案】

任务3 仓库温湿度调控方法

【任务目标】

(1) 能解释库内外温湿度变化的规律。
(2) 能根据实际需要对库房进行温湿度调控。

【参考答案】

【练习思考】

随着夏天的到来,仓库内温度骤升,导致很多货物出现变味现象。如果你是仓库管理员,你会怎样处理?

【知识链接】

由于物品的性质不同,其所适应的温湿度也不同。仓库温湿度的变化对储存物品的质量安全影响很大。为了确保仓库商品的质量，创造适宜于物品储存的环境，物流经理必须安排好仓库管理人员正确地控制和调节仓库温湿度，以确保储存物品的安全。而掌握温湿度的变化规律正是正确调控仓库温湿度管理的前提。

一、仓库温湿度变化的规律

仓库温湿度变化规律见表 2-2。

表 2-2 仓库温湿度变化的规律

仓库内温度的变化	（1）气温升降时，仓库温度也随着升降，仓库温度主要随气温变化而变化。 （2）仓库温度变化的时间，总是在气温变化之后 1~2h。 （3）仓库温度与气温相比，夜间仓库温度高于气温，白天仓库温度低于气温。 （4）仓库温度变化的幅度比气温变化的幅度小。 （5）仓库内温度还受仓库建筑结构、材料、外表面颜色等多种因素的影响
仓库内湿度的变化	（1）日变化的时间迟于仓库外，幅度也较小。 （2）密闭条件较好的仓库受大气湿度影响较小。 （3）仓库内各部位的湿度也因情况不同而异

1. 库外温湿度的变化

自然气候是经常变化的。一天之中，日出前的气温最低，午后 2~3 时的气温最高。一年之内最热的月份，内陆一般在 7 月，沿海出现在 8 月；最冷的月份，内陆一般在 1 月，沿海在 2 月。

绝对湿度通常随气温的升高而增大，随气温的降低而减小。绝对湿度不足以完全说明空气的干湿程度，相对湿度却能正确反映空气的干湿程度。

空气的相对湿度和气温变化正相反，它是随气温的升高而降低的，在一天之中，日出前气温最低时其相对湿度最大，日出后逐渐降低，到午后 2—3 时达到最低。

2. 库内温湿度的变化

仓库内温湿度的变化规律和库外基本上是一致的。但是，库外气温对库内的影响，在时间上需要有个过程，同时会有一定程度的减弱。因此，一般是库内温度变化落后于库外，夜间库内温度比库外高，白天库内温度比库外低。有的地区采取夜间通风就是基于这一原理。

库内的湿度通常随库外湿度的变化而变化，但是密封良好的库房受到的影响较小，且库内各部位的湿度也因具体情况而有所差异。

从气温变化的规律分析，一般在夏季降低库房内温度的适宜时间是夜间 10 时以后至次日上午，而降低湿度的适宜时间是上午 6 时以后至下午 4 时。当然，这需要考虑到物品特性、库房条件、气候等因素的影响。

二、不适宜温湿度对商品的影响

不适宜的温湿度主要指高温、高湿,但温度太低、干燥,同样不利于商品的耐久性。

> 高温:一般来说,库房温度在30℃以上就是高温了。高温对商品耐久性的影响包括以下几个方面:
> (1)加速各种有害化学物质、有害生物因子对商品载体的破坏作用。
> (2)促进商品发生物理机械变化和化学变化。
> 低温:原则上讲,低温有利于商品的保管。但是,这并不意味着温度越低越好。在确保低温保存商品时,必须坚持一条原则,即低温不得低于商品本身的载体材料中的水结冰时的温度。

三、仓库温湿度的调控方法

温湿度的调控是库房的一项经常性的工作。从某种意义上讲,控制是基础,调节是重要的补充。

在学习仓库温湿度调控方法前,应先了解仓库温湿度调控基本原则:一是以库房选址和建筑为主,日常管理为辅;二是以密闭通风为主,配合其他设备为辅;三是以调节湿度为主,兼顾调节温度,重点在于降湿;四是温湿度调控注意升温不能用明火,降温不能结露,降湿最为重要。

库房温湿度的调控方法很多,如密闭、通风等。事实证明,采取增温、降温、增湿、降湿相结合是调控库房温湿度行之有效的方法。

(一)密闭

密闭就是把物品尽可能严密地封闭起来,减少外界不良气候条件的影响,以达到安全保管的目的。库房密闭的重点是门窗。库房的密闭可以分成两种类型:一种叫永久性密闭,另一种叫暂时密闭。

暂时密闭可分为三种情况,如图2.23所示。

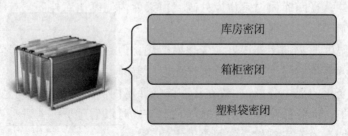

图2.23 暂时密闭的三种情况

密封保管应注意的事项：

（1）在密封前要检查商品质量、温度和含水量是否正常，如发现生霉、生虫、发热、水淞等现象就不能进行密封。发现商品含水量超过安全范围或包装材料过潮，也不宜密封。

（2）要根据商品的性能和气候情况来决定密封的时间。怕潮、怕熔化、怕霉的商品，应选择在相对湿度较低的时节进行密封。

（3）常用的密封材料有塑料薄膜、防潮纸、油毡、芦席等。这些密封材料必须干燥清洁，无异味。

（4）密封常用的方法有整库密封、小室密封、按垛密封，以及按货架、按件密封等。

（二）通风

通风是根据空气流动的规律，有计划地使库内外空气进行交换，以达到调节库内温湿度的目的。

1. 通风方式

通风有两种方式：自然通风和机械通风。

2. 通风原则

（1）通风调节库内温度的原则。

（2）通风调节库内湿度的四原则。

通风调节库内湿度的四原则：

（1）如果库外温度和湿度都低于库内，可以通风；反之，不能通风。

（2）库外温度低于库内，库内外相对湿度相同时，可以通风；反之，不能通风。

（3）库外的相对湿度低于库内，库内外的温度相同时，可以通风；反之，不能通风。

（4）当实际情况与上述三方面不相符合时，则根据计算所得到的绝对湿度决定能否通风。

(3)通风注意事项。

通风时应注意的事项:
(1)进行通风时,要随时观察库内温湿度的变化。
(2)与密闭等控制手段相结合,以保证通风的效果。
(3)通风还可以调节库内空气的流速、空气洁净度、有害气体的浓度。
(4)通风时应注意防虫防鼠。
(5)库内外温差较大或梅雨季节、库外温度1~2℃时,不宜进行通风,以防库内产生结露现象。

(三)调节库房温湿度的其他方法

在梅雨季节或阴雨天,当库内湿度过高,不适宜商品保管,而库外湿度也过大,不宜进行通风散潮时,可以在密封库内用吸潮的办法降低库内湿度。

常用的吸潮剂有氯化钙和硅胶。去湿机如图2.24所示。

图2.24 去湿机

去湿机的优点:
(1)去湿性能稳定可靠,可以连续降湿,而且使用管理比较方便。
(2)去湿效果好。

常见调控温湿度的方法见表 2-3。

表 2-3 常见调控温湿度的方法

方法	密闭	通风	其他方法			
			降温	增湿	降温	增温
做法	库房密闭 箱柜密闭 塑料袋密闭	自然通风 机械通风	吸潮剂 去湿剂	加湿剂	空调	暖气
适用范围	广泛	广泛	南方	西北地区	南方	北方

【技能训练】

【训练资料】

课前准备一批温度计与测量湿度的仪器，通知学生提前 10min 到学校的教材仓集合，并告知活动内容（针对学校教材仓进行一次调节与控制温湿度训练）。

【训练步骤】

1. 组织准备

（1）将全班同学按 6~8 人进行分组；选出小组长，小组长负责组织本小组成员参与活动。

（2）课前准备好教材仓，并让学生课前上网查找并了解如何调节与控制温湿度的知识。

2. 布置任务

（1）下达任务书。各小组在规定的时间和范围内进行讨论，并写出简单的操作流程图，然后申领所规定的工具设备。

（2）各小组上交资料，等教师确定无异议时，前往教材仓进行调节温度与湿度操作。

（3）等完成所有项目时，各小组安排一名代表上台讲解与展示本小组完成的情况，并针对完成过程中遇到的难点提出解决的方法方案。

3. 考核评价

（1）教师根据各个小组的表现针对讲解内容的精彩性、正确性、完整性，操作流程图的正确性等内容进行评分与点评。评分比例占总成绩的 60% 左右。

（2）教师在点评内容的同时，对各个小组队员之间的团队合作、演讲组织能力等内容进行评分与指导。评分比例占总成绩的 35% 左右。

（3）开展学生自评项目。评分比例占总成绩的 5% 左右。

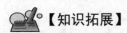
【知识拓展】

档案库房温湿度的调控方法

1. 对档案库房温湿度控制与调节的原因

档案是历史的真实记录，也是企业的宝贵资源，它不仅有着重要的现实作用，而且有着极其深远的历史意义。因此，档案需要永久地保存下来。但是随着时间的推移，档案制成材料在不断地变化与损坏，这就要求我们必须用科学的技术方法保护好档案，最大限度地延长档案的使用"寿命"，使档案能够长久地为企业生产经营建设服务。

用科学的技术方法保管档案，最大限度地延长档案的使用"寿命"，是一个复杂而又艰巨的任务。因为损坏档案的因素是多方面的，既有档案制成材料本身的变化与损坏，又有温度、湿度、有害生物、有害气体、灰尘、紫外光等各种因素对档案的影响和破坏。各种不利因素在破坏档案时有些是互相协调的，有些是相互依存的。在这许多不利因素中，温度、湿度是影响其他因素对档案纸张和字迹材料破坏的主要因素。档案纸张中的主要成分纤维素的水解、氧化，书写材料的褪色、扩散、模糊与温湿度有关；纸张的自然老化过程与温湿度有关；紫外光、有害气体对档案的破坏也与温湿度有关；档案害虫、霉菌对档案的破坏与温湿度的关系就更大了。因此，影响档案使用"寿命"的许多外在因素中，温度和湿度是主要因素。

档案库房温湿度的控制与调节在档案管理中占有重要的地位，是档案部门及档案工作者的一项非常重要的工作。

2．档案库房不适宜温湿度形成的主要原因分析

（1）高温形成的原因。

① 环境因素。受自然环境的影响，每年自5月下旬至9月上旬，库房温度在25～30℃；冬季供暖期间，如果不采取措施，库内温度也会在25℃以上。

② 人的因素。冬天暖气太热，档案工作人员未引起足够的重视，没有主动地将暖气拆除。

③ 设施因素。缺少先进的降温设备（空调机）。另外，档案库房如果处在楼房的顶层，温度也会明显高于其他楼层。

（2）低温形成的原因。

① 自然因素：遇到寒流天气，温度下降。

② 人的因素：温度下降时未及时采取保暖措施。

③ 设施因素：无取暖设备，库房门窗密封条件差，受库外冷空气影响较大。

（3）高湿形成的原因。

① 自然因素：连续阴雨天气，致使湿度加大。

② 人的因素：连雨天气未及时采取措施降低湿度，库内放置的盛水容器在潮湿天气未及时减少或取掉。

③ 设施因素：库房处在顶层，屋顶漏雨，使库内湿度加大，库房门窗密封条件差，库外湿度对库内的影响加大。

（4）低湿形成的原因。

① 自然因素：处在干旱地区，常年湿度过低，蒸发量远远高于降雨量。

② 人的因素：采取方法不得当，或者根本就没有采取措施。

③ 设施因素：密闭条件不好，使调节后的湿度得不到保持，缺少增湿设备（室内加湿器）。

3．对档案库房温湿度进行控制与调节的措施

要想使档案库房温湿度经常处在比较适宜的状态，既需要对库内温湿度进行控制，又需要对库内温湿度进行调节。如果对库内温湿度只控制不调节，或只调节不控制，都不能收到较好的效果。因此，温湿度的控制与调节是改善档案库房温湿度状况不可缺少的两项措施，二者是相辅相成的，缺一不可，只有两者结合，才能取得事半功倍的效果。针对以上不适宜温湿度形成的原因，分别采取以下措施进行控制与调节。

（1）在库房顶层的楼板上面铺设一层实体隔热材料，同时进行防水处理，解决楼板导热和雨雪天气漏水问题。

(2)将档案库房里的暖气片全部拆除，只留下通往其他楼层的竖管。这样，不但解决了供暖期由于暖气太热库内温度升高的问题，而且在出现寒流的情况下，由于通往其他楼层的竖管还能散发一定的热量，也不会出现库内温度过低的问题。

(3)对档案库房的门窗进行密闭处理，镶嵌密封条，改善密封条件，使库内调节后的温湿度得到有效的控制。

(4)针对高温和低湿问题，将库房地面洒水后开窗通风、地面不洒水开窗通风、用湿拖布拖地、库内放置敞口盛水容器等不同的方法进行比较，从中选择出最佳方法。

① 库内洒水后开窗通风情况。在 $50m^2$ 的库内洒水 5kg，然后将窗户打开，开窗前库内温度27℃，湿度35%；开窗半个小时后温度没有明显变化，湿度快速上升到55%，达到了最高点，然后逐渐下降，到下午湿度下降到 25%，达到最低点；关上窗子到第二天早晨湿度基本上恢复到头一天开窗前状态，一天中温度始终没有发生太大的变化。此种方法会出现湿度大起大落的现象。

② 地面不洒水开窗通风情况。开窗前温度27℃，湿度35%；开窗1个小时后，湿度25%，到下午湿度最低时下降到15%，一天中温度变化未超过2℃；关上窗子后到第二天湿度恢复不到头一天开窗前的状态，库内原有的水分得不到保持。

③ 用湿拖布拖地出现的情况与地面洒水的效果基本相似。

④ 库内放置敞口盛水容器的情况。放置盛水容器前库内温度23℃，湿度35%；用普通洗脸盆放置4盆水，5天后，库内温度17℃；停止供暖后温度逐渐下降，湿度40%；达不到要求，又增加了两盆水，到第二天湿度上升到48%；在今后的几天里，湿度稳定在46%左右，温度未发生太大的变化。

通过几种方法的比较，在库内放置敞口盛水容器是控制与调节库房湿度比较好的方法。根据不同季节库外温湿度的变化，增加或减少盛水容器的数量来调节库内温湿度，在湿度的控制与调节方面收到了显著的成效。自3月起到11月中旬，库房湿度控制在了45%~65%。在9月份连续一周的阴雨天里，库内湿度也未超过65%。9月28日，本地区出现了多年罕见的大雾天气，早晨库外温度13℃，湿度高达96%，到了下午，温度上升到18℃，湿度下降到35%，一天之内温湿度变化如此之大，不通过温湿度仪很难观测。即使在这样的天气里，由于库房门窗密封条件好，库内的温度保持在17℃左右，湿度稳定在了58%~59%，未出现大的波动。

实践证明，在库内放置敞口盛水容器的方法经济实用、简便易行，只需要几个普通的脸盆，通过增加或减少盛水容器的数量就可以在比较干燥的地区，把库房湿度调节控制在适宜档案存放的湿度标准之内。此种方法简单适用，只要长期坚持去做就能收到较好的效果。

使用敞口盛水容器调节温湿度的前提条件是在温湿度仪的监测下进行，这样才能做到心中有数。否则，该增加盛水容器时未增加，该减少时未减少，就会出现库内湿度偏低或过高的问题。另外，盛水容器里的水要经常更换，保持清洁，防止容器里的水变质。

【课后巩固】

（1）仓库温湿度记录表的构成项目有哪些？主要用途是什么？
（2）我国仓库库房温湿度标准是什么？它是怎样制订出来的？
（3）通风的依据是什么？在实际中要达到预期通风目的应注意哪些要点？

【参考答案】

项目 3

仓库害虫防治与处理

【学习目标】

知识目标	能区分仓库害虫的种类 能描述不同种类的害虫对仓库的危害方式 能说明不同种类害虫的来源 能掌握预防与消灭仓库害虫的各种方法
技能目标	能运用科学方法预防鼠疫 能运用合理方法对仓库白蚁进行防治与处理 能运用合理方法对仓库蟑螂进行防治与处理 能运用合理方法对仓库昆虫类进行防治与处理
职业能力目标	让学生提高个人卫生意识 让学生树立爱护仓库环境、"卫生清洁靠大家"的环保意识

任务 1　仓库昆虫的防治与处理

【任务目标】

（1）认识仓库害虫。
（2）能辨认仓库常见的昆虫类害虫。
（3）能描述仓库害虫的传播途径。
（4）能说明仓库昆虫的危害。
（5）能防治与处理仓库昆虫的出现。

【练习思考】

春天季节来临前，大部分的农民就会把家里的大豆、黄豆、绿豆等豆类拿到太阳下暴晒后进行密封保存。小王家因为农务太多了，忘了将晒好的豆子密封保存，结果到了夏天时，他们家的豆类全都生虫了。他很纳闷，思来想去，想不通虫子是从哪里飞进去的。

请大家想想，这些虫子从哪里来的呢？

【参考答案】

【知识链接】

很多商品是用动物性或植物性材料制成的，因而在储存中易遭虫害。

一、仓库害虫

仓库害虫是指在仓库内危害储藏商品和仓库建筑设施的许多害虫，这些害虫一般又以危害储藏货物为主，所以也叫作储藏害虫。

仓库害虫蛀食污染各种仓库商品，传播疾病，给人们造成巨大的经济损失，必须引起人们的高度重视。

仓库害虫绝大多数是体小色暗，不易被人发现，它们多可抵抗高温或严寒，有的常潜藏于阴湿的场所，有的又喜在干燥环境中栖息。

仓库害虫有数百种，繁殖力与适应力强，且分布广泛。一般来说，仓库害虫包括所有一切对仓库储存有害的动物类别，具体可以概括为昆虫类、蚁类、鸟类、鼠类和其他小动物类等，如图 3.1 所示。

二、仓库常见的昆虫类

仓库常见的昆虫类依其分类地位可分为三大类：甲虫类，如谷象、豆象等；蛾类，如麦蛾、印度谷螟等；螨类，如腐蚀酪螨等。仓库常见昆虫如图 3.2 所示。

昆虫类

蚁类

鼠类

鸟类

图 3.1　仓库害虫类别示意图

绿豆象

酪跳虫

飞蛾（幼虫）

图 3.2　仓库常见昆虫

仓库害虫的活动场所十分广阔：各种含动、植物及其产品的仓库，如粮仓、货栈；各种加工厂，如面粉厂、粮站；火车、汽车、轮船等运输工具；各种动物巢穴，如木蜂巢、鸟巢等；各种动物体上、杂草堆内、粪便尸体上等；一些特殊的场所，如图书馆、博物馆、厨房等。

三、常见的易虫蛀商品

所谓易虫蛀商品，主要是指蛋白质、脂肪、纤维素、淀粉及糖类、木质素等营养成分含量较高的商品。其具体包括毛、丝织品及毛皮制品，竹藤制品，木材，纸张及纸制品，粮食，烟草，肉品，干果干菜，中药材等。

为了做好这类商品的虫害防治，下面介绍一下它们遭受虫害的情况。

1. 毛、丝织品及毛皮制品

这类商品含有多种蛋白质。危害这类商品的常见害虫主要有各种皮蠹、织网衣蛾、毛毡衣蛾、白斑蛛甲、毛衣鱼等。此类害虫生长繁殖期是 4—9 月。对温湿度要求：温度 25~30℃，相对湿度 70%~90%。

2. 竹藤制品

这类商品含纤维素和糖分。常见蛀虫有长蠹、角胸长蠹、褐粉蠹和烟草甲等。竹藤蛀虫性喜温湿,怕光,一般4~5个月发育成虫,生长繁殖的最适宜气温为28~30℃,相对湿度为70%~80%。

3. 纸张及纸制品

这类商品含纤维素和各种胶质、淀粉糊。常见的蛀虫有衣鱼与白蚁。此类蛀虫喜温湿、明暗环境。仓库在如有新鲜松木或胶料香味时,便容易诱集白蚁或衣鱼。危害严重季节:衣鱼在7—9月,白蚁一般在4—9月。

此外,干果的糖分、淀粉及水分含量较高,卷烟含烟碱高,因此,这些商品也容易被虫蛀,如图3.3所示。

图3.3 易被虫蛀的商品

【练一练】

根据现实生活常识,判断以下物品哪些容易出现虫蛀现象。

【参考答案】

四、仓库昆虫类的来源

仓库内昆虫的来源主要有以下几个方面:

(1) 商品入库前已有昆虫潜伏在商品之中。

(2) 商品包装材料内隐藏害虫或虫卵。

(3) 运输工具带来昆虫。车船等运输工具如果装运过带有害虫的粮食、皮毛等,害虫就可能潜伏在运输工具之中,再感染到商品上。

(4) 仓库内本身隐藏有害虫。

(5) 仓库环境不够清洁,库内杂物、垃圾等未及时清理干净,潜有并滋生害虫。

(6) 邻近仓间邻近货垛储存的生虫商品,感染了没有生虫的仓间商品。

(7) 储存地点的环境影响。如仓库地处郊外,常有麻雀买入、老鼠进窜入,它们身上常常带有虫卵体。田野、树木上的害虫也会进入仓间,感染商品。

五、仓库昆虫类的危害方式

(1) 蛾类因体软形大善飞,一般具有正趋光性,适于在粮食上层及外表行动及产卵,羽化后又易于飞出,故幼虫危害粮食及仓库内零散的货物。

(2) 甲虫类因体硬、善于行走,一般具有趋光性,易于隐匿在包装下层较黑暗的地方,故危害纸质包装的产品。

(3) 螨类体软而轻小,喜向外爬,故危害一般自外表而达内部。

六、仓库昆虫类的防治与处理方法

仓库昆虫类的综合治理就是从物理与化学的总体观点出发,本着以预防为主的指导思想和安全、经济、有效、简易的原则,保证仓库商品的安全。

（1）搞好仓库内外环境卫生。安装纱门、纱窗，防止成虫飞入；及时清除废料，以减少下季虫源。

（2）可以利用物理机械防治仓库昆虫类，如灯光、热量、声音等方法防治。利用眼菌蚊成虫的趋光性和趋味性，在仓库内安装红光灯或白炽灯，灯下置一套灯槽，灯槽内加入几滴敌敌畏或松节油，诱集并杀死成虫。

（3）各种人工捕捉。初发时，可进行人工捕捉，集中杀灭。晚上 9—10 点是昆虫类集中活动的时间，可进行人工捕捉。也可用 5%的食盐水或 5%的碱水滴杀。

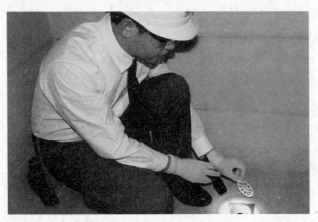

（4）药剂防治。不同时期应采用不同的药剂进行防治。方法可以采用熏蒸法、毒饵法、毒谷法、毒土法和烟雾法等。

① 熏蒸法。使熏蒸剂挥发成气体，用以杀虫。此法常用于温室、仓库内的消毒。影响效果的因素有熏蒸剂的理化性质、被熏蒸物体的性质、温度、湿度、气压、害虫种类和虫期、用药量与熏蒸时间等。

② 毒饵法，毒谷法，毒土法。这是用农药与饵料或土混合，用以防治地面或地下害虫。

③ 烟雾法。用烟剂点燃发烟，以防治病虫害的方法（触杀、胃毒、熏蒸三种作用）。

【技能训练】

【训练资料】

课前准备热水壶一批（由宿舍人员提供），适量的灭蚊液、漂白液等，对校园宿舍下水道进行一次灭蚊行动。

【训练步骤】

1. 组织准备

（1）将全班同学按宿舍为单位进行分组；选出小组长，小组长负责组织本小组成员参与活动。

（2）勘察下水道是否存在异味，是否存在积水等情况。

（3）小组先派一名同学负责打两壶热水，分别灌到宿舍下水道，把蚊子的虫卵杀死。

（4）派两名同学领取适量的毒药液和漂白液，分别以1:2的比例与水勾兑并分别灌到下水道处。

（5）观察整个操作过程，并书写灭蚊行动过程报告。

（6）总时间为45min。

2. 布置任务

（1）下达任务书。在规定的时间内，各小组针对宿舍情况进行灭蚊行动，各小组组长负责整理各小组资料。

（2）各小组安排一名代表上台讲解展示本小组的工作成果，并上交相关资料。

3. 考核评价

（1）教师根据各个小组的表现针对讲解内容的精彩性、正确性、完整性等内容进行评分与点评。评分比例占总成绩的 60% 左右。

（2）教师在点评内容的同时，对各个小组队员之间的团队合作、演讲组织能力等内容进行评分与指导。评分比例占总成绩的 35% 左右。

（3）开展学生自评项目。评分比例占总成绩的 5% 左右。

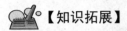【知识拓展】

某企业的防虫处理规章制度

（1）厂房、仓库应保持清洁，必须采取适当的措施进行防虫、防鼠。厂房、仓库的门口设防虫灯，物料、人员进出生产厂房后，应立即关闭。

（2）厂房、仓库的窗户，在关闭时应能密封。无特殊情况，窗门不允许打开；在特殊情况需打开时，应在使用后随即关上。厂房、仓库的窗户、排风扇的排风口应装上铁纱网。

（3）厂房、仓库要安装适量的粘鼠板防鼠，捕获的老鼠及时杀死。

（4）厂房、仓库必须装有适量的电子灭虫灯诱杀蚊虫，并根据电子灭虫灯的使用寿命，在使用一定时间后及时更换。

（5）每周清洁两次电子灭虫灯，抹去灯上灰尘及已死苍虫，保持灭蚊灯的清洁卫生。

（6）厂房、仓库的排水道中，地漏要盖紧，排水道出口处加装铁栅，防止老鼠和其他动物爬入。

（7）每周由质管部组织有关人员对防止昆虫和其他动物进入厂房的管理进行检查，并填写《防止昆虫和其他动物进入厂房检查记录》，记录内容为存在问题、所在部门与地点、整改部门、整改计划完成时间等。

【课后巩固】

（1）什么是储粮害虫？其生物学特性有哪些共同之处？

（2）调查当地的主要储粮害虫的种类和粮食储藏方式，设计综合治理方案。

【参考答案】

 任务 2　仓库蟑螂的防治与处理

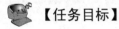【任务目标】

（1）能区分仓库蟑螂的种类。

（2）能说明仓库蟑螂的来源。

（3）能讲解蟑螂的危害。

（4）学会蟑螂的防治与处理方法。

【练习思考】

食品储存仓由于货物堆放比较多，缺乏整理，久而久之会衍生蟑螂。那么，蟑螂到底从哪些地方进到仓库里？在生活当中，如何处理与防治蟑螂？

【知识链接】

一、蟑螂概述

蟑螂，学名蜚蠊，属于动物界昆虫纲的蜚蠊目和蜚蠊科。

蟑螂起源于石炭纪，与恐龙相比，蟑螂是更早的地球定居者，要先于恐龙数百万年出现在地球上。

二、仓库常见的蟑螂种类

世界蟑螂种类有 4 000 多种，分别有美洲大蠊、德国小蠊、黑胸大蠊等。蟑螂喜欢温暖、潮湿、黑暗的环境，因此，通常见于热带或其他气候暖和的地区。蟑螂仅少数种类成为人类的害虫。蟑螂损坏的物质多于它所需食用的，且会分泌一种难闻的液体。蟑螂的食物既有植物性物质，又有动物性物质，包括人类的食物、纸张、衣服、书籍、死去的昆虫，尤其是臭虫等。可用杀虫剂控制蟑螂。仓库常见的蟑螂如图 3.4 所示。

美洲大蠊　　　　　　　德国小蠊　　　　　　　黑胸大蠊

图 3.4　仓库常见的蟑螂

三、仓库蟑螂的来源

仓库蟑螂的来源主要有两种，一种是主动扩散来源，另一种是被动扩散来源。

> 主动扩散：是通过它们的爬行或滑翔而散布到不同仓库场所。它们的这项活动主要是为了寻找适宜的栖息环境和必要的生活条件，包括温度、湿度、食物及隐蔽场所等。例如，在室温低的情况下，蟑螂多移居到靠近温度高的缝隙，或聚集到暖气沟中等温暖的环境。在酷暑高温季节，在南方地区，它们可远距离的滑翔，躲在较阴凉的场所栖息，以避免过高的温度。蟑螂常为了获取水分和适宜湿度而有趋湿性的活动，所以到了夜晚，它们往往爬到水槽里，群集在茶水桶周围，或停息在水管上。仓库内蟑螂可以通过墙洞以及门、窗缝隙扩散到周围邻居，虽然扩散的范围不大。在温暖地区，它们可迁居室外。
>
> 被动扩散：蟑螂的广泛分布，有的种类遍布全球，这是它们被动扩散的结果。在当今交通日益发达，运输更加频繁的时代，这种扩散方式尤其突出。火车受蟑螂的侵害极其严重，卧铺车厢的侵害率可高达40%，餐车更高。旅客随身携带的包裹、行李和其他物件，以及托运的货物都有可能把蟑螂带上火车。反之，火车上的蟑螂也可能被旅客和货物带到各地。飞机携带的蟑螂较少，但也有发现。飞机上的蟑螂和远洋轮船一样，可造成国际扩散。

四、蟑螂在仓库内活动的昼夜节律

蟑螂是昼伏夜出的昆虫，表现出明显的昼夜活动节律。据观察，在仓库内的德国小蠊从 19 点开始活动，21—22 点为活动高峰，在次日凌晨 2 点出现小高峰，5 点消失。黑胸大蠊自19点开始活动，20点即现高峰，到23点和次日凌晨2点又会出现两个小高峰，4点活动终止。

在 12 小时昼夜交替环境中，美洲大蠊的活动情况可以分为 6 个时期。

第 1 期：在黑暗开始前，活动水平开始上升。

第 2 期：黑暗开始后，活动明显增加。

第 3 期：活动高峰期，历时 2~3h。

第 4 期：活动水平突然下降。

第 5 期：在黑暗的后半期，活动保持低水平。

第 6 期：在天亮后 5h，或仍有低水平活动，或完全处于休息状态。

此外，德国小蠊虽然主要也是夜间活动的昆虫，但晚上开灯，有时也不会使它们立即逃跑，甚而在明亮灯光下或白昼，也可以看到它们在货架、墙上等处爬行。

五、蟑螂的危害

蟑螂给人们带来的危害是多方面的，有的危害我们已经了解得较多，比如说蟑螂在家庭厨房卫生间、饭店、旅店、宾馆、工厂单位的严重危害。

蟑螂还进入电脑、传真机、配电箱及叉车等机械设备，引起故障和造成经济损失，国外称之为"电脑害虫"。

蟑螂除盗食食物，损坏衣物、书籍等造成经济损失外，更主要的危害是传播疾病。蟑螂已被证明携带约 40 种对脊椎动物致病的细菌，其中重要的如传播麻风的麻风分枝杆菌、传染腺鼠疫的鼠疫杆菌、传染痢疾的志贺氏痢疾杆菌和传染小儿腹泻的志贺氏痢疾杆菌、引起疮疖的黄金色葡萄球菌、引起尿道感染的绿脓杆菌、引起泌尿生殖道和肠道感染的大肠杆菌，以及传播肠道病和胃炎的多种多样的沙门氏菌，如乙型伤寒沙门氏菌、伤寒沙门氏菌等。此外，蟑螂还可传播使人感染、导致亚洲霍乱、肺炎、白喉、鼻疽、炭疽及结核等病的细菌等。

由于蟑螂具有臭腺，能分泌臭液，所以蟑螂的栖息地或爬经的商品和物品都会留下极难闻的异味和斑迹，污染商品，导致商品发生严重质量问题。

蟑螂无孔不入，直接以商品为食，严重破坏商品的包装。

机关办公室内，主要是写字台抽屉、文件柜、沙发、茶具柜、会计室长期储存账单发票箱、图书室的报纸图书储存架上等，也是蟑螂经常栖息的场所。

六、仓库蟑螂的防治与处理方法

（一）仓库内蟑螂预防方法

要消灭蟑螂，必须首先要保证环境卫生。及时打扫仓库内和下水道，垃圾要及时清理，并及时堵塞缝洞，妥善保藏食品，这样才能杜绝蟑螂滋生。

根据蟑螂的活动规律，集中力量，反复突查。在检查过程中必须做好以下工作：
（1）定期清查过期或长期存放不动的商品，特别是木质类或纸质类包装产品。
（2）把天花板、墙壁和地板上的裂缝和罅隙用不保温材质填补密封。
（3）所有蟑螂残骸、卵鞘一定要捏碎清除，以免卵鞘孵化继续作祟。

方法 1：对于卵鞘一定要焚烧。

方法 2：冲入下水道。

（4）防止蟑螂进入仓库内，如加装纱门、纱窗或是在排水孔上添加细目网。

（二）仓库内蟑螂的治理方法

仓库内一旦发现有蟑螂的印迹就必须进行治理处理，处理的方法有物理治理法、化学治理法和生物治理法。

1. 物理治理方法

（1）热杀与冻杀。蟑螂对热的抵抗力较差，热度达60℃以上时，几分钟内即死亡，并可杀死卵荚中的卵。常用的方法是将开水装入水壶中，倒入蟑螂隐蔽缝隙内进行烫杀。还可用电吹风进行杀灭，只要调到最热，几秒即死。把有蟑螂栖息的物品、家具搬到-10℃以下的地方存放30min，蟑螂即被冻死。

（2）诱捕法。用一只口较小的体大的玻璃瓶，口周围抹上麻油（或香油），瓶内放一些香的食物，夜晚将其放在蟑螂较多的地方，蟑螂爬入瓶中，次日晨捕杀。药物蚁蟑宁对诱杀蟑螂有较理想的效果。

（3）粘捕法。将涂有粘胶剂的粘蟑纸中间放点诱饵，放在蟑螂经常活动的地方粘捕蟑螂。

（4）人工捕杀。消灭成虫和幼虫，白天可清理橱柜及屉桌，见到就捕杀；夜晚可在8点以后每隔半小时在蟑螂多的地方如货架、商品加工间、仓库等开灯捕杀一次，能收到较好的效果。

2. 化学治理方法

现在常用的化学治理方法有投放灭蟑螂毒饵、喷洒杀虫药、涂抹杀蟑螂粉笔、撒药粉、施放杀虫烟雾等，可根据实际情况选择使用。

（1）药剂的喷洒技术。喷药时关闭门窗和电扇排风设施。喷药结束后，密闭2h以上，防止药物流失，蟑螂逃窜。喷药开始时，应先在门、窗和其他通道口喷一圈药，防止蟑螂从门、窗逃窜。表面喷洒要由外向里，从上到下。在蟑螂集中的地方，直接喷洒会使蟑螂受到刺激，四下逃窜。应在蟑螂集中的地方外围先喷药形成封圈，由外向里喷，这样蟑螂向外跑时也能接触到充分的药量。对蟑螂栖息的缝隙等场所，可先在其周围喷洒30~50cm的药带圈，而后进行缝隙喷洒。

（2）烟雾与熏蒸。在密闭的场所可用该技术进行消杀。

（3）毒饵。点多量少，$0.5 \sim 1g/m^2$，布放于蟑螂经常活动的场所。

（4）粉剂。应布放于蟑螂经常出没处，使蟑螂接触染毒，具触杀、喂杀作用。持效期长，一般为1~2个月，但要防止受潮。

（5）胶饵。胶饵对蟑螂而言湿润可口，持效期很长，安全高效方便，不易产生抗性，并在蟑螂中互相传播毒性，造成蟑螂的群体死亡。目前，胶饵是较为有效的灭蟑方法。

3. 生物治理方法

生物防治，大致可以分为以虫治虫、以鸟治虫和以菌治虫三大类，以一种生物治另一种生物。它是降低杂草和害虫等有害生物种群密度的一种方法。它利用了生物物种间的相互关系，以一种或一类生物抑制另一种或另一类生物。它的最大优点是不污染环境,是农药等非生物防治病虫害方法所不能比的,但是这种方法不能用于仓库当中。

【技能训练】

【训练资料】

课前准备热水壶一批(由宿舍人员提供)、适量的漂白液、一瓶杀虫剂等,对校园宿舍进行一次灭蟑螂行动。

【训练步骤】

1. 组织准备

(1)将全班同学按宿舍为单位进行分组;选出小组长,小组长负责组织本小组成员参与活动。

(2)勘察下水道是否存在异味,是否存在积水等情况。宿舍比较阴暗的地方是否存在蟑螂排泄物等。

(3)小组先派一名同学负责打两壶热水,分别灌到宿舍下水道,把蟑螂的虫卵杀死。

(4)派两名同学领取适量的漂白液,分别以1:2的比例与水勾兑,分别灌到下水道处。

(5)关上宿舍所有门窗,等全部人撤离宿舍时喷射杀虫水后密封2h。

(6)打开所有门窗通风散气,观察整个操作过程,并书写灭蟑螂行动过程报告。

2. 布置任务

(1)下达任务书。在规定的时间内,各小组针对宿舍情况进行灭蟑螂行动,各小组组长负责整理各小组资料。

(2)各小组安排一名代表上台讲解展示本小组的工作成果,并上交相关资料。

3. 考核评价

(1)教师根据各个小组的表现针对讲解内容的精彩性、正确性、完整性等内容进行评分与点评。评分比例占总成绩的60%左右。

(2)教师在点评内容的同时,对各个小组队员之间的团队合作、演讲组织能力等内容进行评分与指导。评分比例占总成绩的35%左右。

(3)开展学生自评项目。评分比例占总成绩的5%左右。

【知识拓展】

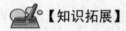

蟑螂为什么叫"小强"?

蟑螂的历史有数亿年,而人只有几百万年——强

蟑螂有4 000多种杂食,只要是有机物几乎都吃——强

蟑螂可在真空下(非绝对真空)存活至少10min——强

蟑螂可以活在由40kW的x-ray下……而人类?请以秒计算——强

蟑螂可以在12mol的HCl和18mol的NaOH下活上30s——强

蟑螂水下至少可以活上30min——强

蟑螂在100℃的炉子内可以活很久——强

要用传统兵器打死蟑螂，也就是拖鞋要29.4N的力——强

蟑螂爬的速度比人奔跑略慢，但是这不包括在垂直墙壁上爬的速度。在水中蟑螂如履平地，蟑螂甚至还长有翅膀可以飞翔——强

蟑螂的头断了后，身子和头仍可以分别活上好几天……最后的死因是饿死——暴强

【课后巩固】

蟑螂昼伏夜出，白天大多钻在靠近水源、食源、热源附近的墙壁和家具的缝、洞、角、堆中躲藏。灭蟑螂时这些地方是喷药、投放灭蟑螂毒饵的重点。下面哪几项灭蟑螂措施正确？（　　）

A．消灭蟑螂以治本为主，治理环境是治本措施

B．堵洞抹缝隙除蟑螂，用油灰、水泥或硅胶等堵抹缝隙、孔洞，让蟑螂无处藏身

C．投放灭蟑螂毒饵，喷洒杀虫药液，涂抹杀蟑螂粉笔，用粘蟑螂盒、诱捕瓶等方法诱杀

D．灭蟑螂喷药时要面面俱到，四面墙壁都喷

【参考答案】

任务3　仓库蚁害的防治与处理

【任务目标】

（1）知道白蚁的生活习性及特点。

（2）能解释白蚁对仓库的危害方式。

（3）学会白蚁的防治方法与处理措施。

【练习思考】

某仓库是用木材搭建成的，地理位置非常好，坐落在高速公路与铁路站交接处。但不知不觉中，地面出现许多大大小小的蚁窝，工人在开始时没有及时处理，结果这间仓库装修仅3年就为蚁害所患，将地面的水泥都挖出洞形成蚁路，地砖下变成空心。

这些蚁窝给仓库带来哪些隐患？

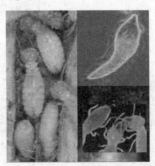

【参考答案】

【知识链接】

一、白蚁概述

白蚁也称蟗（读音 wèi），体软弱而扁，白色、淡黄色、赤褐色或黑褐色等。白蚁出现在中生代后期，是最古老的社会性昆虫之一，在世界上分布极为广泛，危害性非常严重。因其具有奇妙而独特的生物学特性和对人类造成严重的危害，曾被称为"当代生物学的七大奇迹"之一。

白蚁的种类有很多，常见的有铲头堆砂白蚁、黑翅土白蚁、台湾乳白蚁、黄翅大白蚁等，如图 3.5 所示。

　　　　黑翅土白蚁　　　　台湾乳白蚁　　　　黄翅大白蚁

图 3.5　仓库常见的白蚁

二、白蚁与蚂蚁的区别

白蚁与蚂蚁有什么区别？
（1）白蚁。
白蚁的触须直而呈念珠状。
白蚁没有腰——胸、腹分段不明显。
白蚁有两对大小和外貌相同的翼。
（2）蚂蚁。
蚂蚁的触须有弯角。
蚂蚁有腰——胸、腹明显分成两段。
蚂蚁同样有两对翼，但前翼比后翼大。

三、仓库白蚁的来源

白蚁入侵仓库主要有三种途径，即分飞、蔓延和携带。

（1）分飞。各种成熟的白蚁群体每年都能产生一定数量的繁殖蚁，在外界环境条件适宜时，白蚁就进行分飞、扩散，是白蚁危害传播的主要途径。在白蚁分飞的高峰季节，繁殖蚁飞入仓库中，在木质的货架中筑巢滋生危害。

（2）蔓延。白蚁为了取食，以蚁巢为中心，从地下或建筑孔隙、管道筑路向四周蔓延，进入仓库内部进行危害活动。

（3）携带。运输人员在装卸或搬运等各种操作活动中，不经意地把原有白蚁危害的各种装饰材料、包装材料、旧货架等人为带至新的地方，产生新的危害。

四、如何发现白蚁对仓库的危害

当发现有白蚁危害时，检查白蚁究竟隐匿在什么部位是至关重要的，主要的检查方法是一问、二看、三听、四探、五撬。

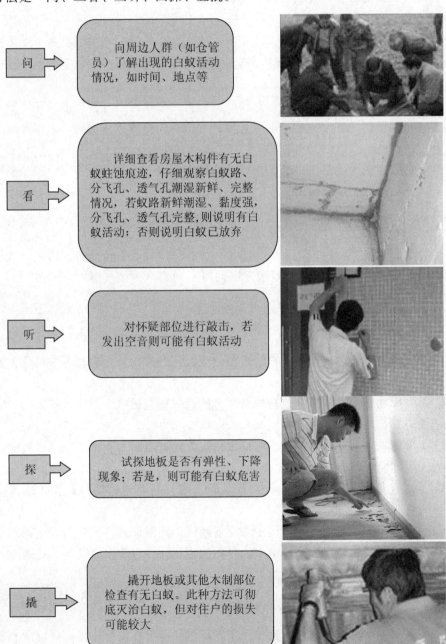

问 ➡ 向周边人群（如仓管员）了解出现的白蚁活动情况，如时间、地点等

看 ➡ 详细查看房屋木构件有无白蚁蛀蚀痕迹，仔细观察白蚁路、分飞孔、透气孔潮湿新鲜、完整情况，若蚁路新鲜潮湿、黏度强，分飞孔、透气孔完整，则说明有白蚁活动；否则说明白蚁已放弃

听 ➡ 对怀疑部位进行敲击，若发出空音则可能有白蚁活动

探 ➡ 试探地板是否有弹性、下降现象；若是，则可能有白蚁危害

撬 ➡ 撬开地板或其他木制部位检查有无白蚁。此种方法可彻底灭治白蚁，但对住户的损失可能较大

五、白蚁的危害

白蚁对仓库的危害具有隐蔽性、广泛性和严重性的特点。

白蚁长期生活在黑暗环境中,过着隐蔽生活。物体受到白蚁危害,表面形似完好,里面千疮百孔,一旦被人发现,损失已是相当严重。白蚁的危害涉及人们的衣、食、住、行、用等方方面面,主要表现在以下几个方面:

(1)白蚁对建筑物的破坏。白蚁对建筑物的破坏,特别是由于其隐蔽在木结构内部破坏其承重部位,往往造成房屋突然倒塌,导致财产损失和人员伤亡,引起人们的极大关注。

(2)白蚁对木制家具的危害。由于室内装饰装潢所用的木构件有逐年增多的趋势,为白蚁提供了良好的食料条件,室内受白蚁或其他城市害虫危害的例子比比皆是,给居民群众带来了许多烦恼。

(3)白蚁对农作物、林木及园艺作物的危害。白蚁可以危害甘蔗、花生等农作物,尤其对甘蔗的危害十分严重。对香樟、水杉、杨梅等林木、果树的危害也相当广泛和严重。

(4)白蚁对其他物品的危害。白蚁还能危害图书、文物、织物、武器、账册、钱币、地下电缆等,造成重大损失。

六、仓库白蚁的防治与处理方法

若仓库管理人员对白蚁危害认识不足,没有采取积极防范措施,白蚁一旦侵入仓库,就会对库存物资和仓库建筑造成巨大损失。因此,防治仓库的白蚁要做到"预防为主,综合治理"。

(一)仓库白蚁的预防方法

(1)仓库管理人员应加强对白蚁危害的认识,经常检查库房有否白蚁危害,尤其是死角。

(2)入库物资要在入库前进行检查,有些白蚁就是通过入库物资带入的,对木板箱的检查是重点。

(3)库内枕木、垫木等要经预防或采用抗蚁蛀材质,木制货架应尽量用铁架代替,对库内物资应经常翻动整理。

(4)白蚁危害的仓库多为未经白蚁预防,搞好新建仓库的白蚁预防工作至关重要。

(5)搞好综合环境治理。库房要求配备通风和防潮设施,破坏白蚁生存环境,库外积极清理枯枝、杂草,搞好树木的养护防治工作,以防白蚁逼近,乘隙而入。有条件的话,多采用透光性较好的材料。

(二)仓库白蚁的治理方法

(1)粉剂毒杀法。将慢性药粉直接喷在蚁巢、分飞孔或蚁路内,使尽可能多的白蚁沾染药粉，靠中毒白蚁互相传递，达到杀死全巢白蚁的目的。粉剂毒杀法是传统的灭蚁方法，应用面广。

（2）水剂喷洒法。一般常用在灭治散白蚁，针对地搁栅、贴脚板、柱脚等处喷洒，特别是已危害部位，应作重点喷洒。灭治地板下白蚁需撬开部分地板进行全面喷洒。如门框、窗框发现白蚁飞出，可注入乳剂或油剂灭治。

（3）诱杀法。这种方法是在建筑物上有白蚁危害，一时又找不到活白蚁时采用。即在被害物附近，设置诱杀箱一只，诱杀箱用松木制成，内放多层松木板。每隔半个月或一个月检查一次，如发现有活白蚁被诱来即可施药灭治。

（4）浇灌药剂法。该法适用于杀灭危害堤坝的黑翅土白蚁和黄翅大白蚁。

（5）熏蒸法。这是防治堆砂白蚁的重要方法，该方法具有易扩散、渗透性强、用药量少、不腐蚀原料、易得和适宜于低温使用等特点。此方法不但能有效地杀死堆砂白蚁，且能熏死黑翅土白蚁、树巢家白蚁和散白蚁等。

【技能训练】

【训练资料】

（1）课前准备一定数量的白蚁侵蚀事件案例，并用 A4 纸打印备用。

（2）准备讨论记录表格。

【训练步骤】

1. 组织准备

（1）将全班同学按 6~8 人进行分组；选出小组长，小组长负责组织本小组成员参与活动。

（2）将训练资料按组数分成对应的份数。

（3）以抽签的方式安排各小组完成不同内容的任务。

2. 布置任务

（1）下达任务书。在规定的时间范围内，各小组针对所抽取的白蚁侵蚀事件案例进行讨论，各小组组长负责整理各小组资料。讨论内容如下：

① 白蚁的繁殖需要哪些条件？

② 如何发现白蚁的存在？

③ 在案例当中，白蚁侵蚀的危害主要在哪些方面体现出来？

④ 针对白蚁侵蚀，案例中有没有提出解决方法？解决方案是否恰当？如果没有，请帮忙提出解决方案。

（2）各小组安排一名代表上台讲解展示本小组的工作成果，并上交相关资料。

3. 考核评价

（1）教师根据各个小组的表现针对讲解内容的精彩性、正确性、完整性等内容进行评分与点评。评分比例占总成绩的 60%左右。

（2）教师在点评内容的同时，对各个小组队员之间的团队合作、演讲组织能力等内容进行评分与指导。评分比例占总成绩的 35%左右。

（3）开展学生自评项目。评分比例占总成绩的 5%左右。

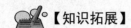【知识拓展】

城市房屋白蚁防治管理规定（2015年5月4日修正版）

第一条　为了加强城市房屋的白蚁防治管理，控制白蚁危害，保证城市房屋的住用安全，制订本规定。

第二条　本规定适用于白蚁危害地区城市房屋的白蚁防治管理。本规定所称的城市房屋白蚁防治管理，是指对新建、改建、扩建、装饰装修等房屋的白蚁预防和对原有房屋的白蚁检查与灭治的管理。凡白蚁危害地区的新建、改建、扩建、装饰装修的房屋必须实施白蚁预防处理。白蚁危害地区的确定由省、自治区人民政府建设行政主管部门、直辖市人民政府房地产行政主管部门负责。

第三条　城市房屋白蚁防治工作应当贯彻预防为主、防治结合、综合治理的方针。

第四条　国家鼓励开展城市房屋白蚁防治科学研究，推广应用新药物、新技术、新工艺、新设备。

第五条　国务院建设行政主管部门负责全国城市房屋白蚁防治的监督管理工作。省、自治区人民政府建设行政主管部门负责本行政区域内城市房屋白蚁防治的监督管理工作。直辖市、市、县人民政府房地产行政主管部门负责本行政区域内城市房屋白蚁防治的监督管理工作。

第六条　设立白蚁防治单位，应当具备以下条件：

（一）有自己的名称和组织机构。

（二）有固定的办公地点及场所。

（三）有生物、药物检测和建筑工程等专业的专职技术人员。

第七条　建设项目依法批准后，建设单位应当将白蚁预防费用列入工程概预算。

第八条　建设项目开工前，建设单位应当与白蚁防治单位签订白蚁预防合同。白蚁预防合同中应当载明防治范围、防治费用、质量标准、验收方法、包治期限、定期回访、双方的权利义务以及违约责任等内容。白蚁预防包治期限不得低于15年，包治期限自工程交付使用之日起计算。

第九条　白蚁防治单位应当建立健全白蚁防治质量保证体系，严格按照国家和地方有关城市房屋白蚁防治的施工技术规范和操作程序进行防治。

第十条　城市房屋白蚁防治应当使用经国家有关部门批准生产的药剂。白蚁防治单位应当建立药剂进出领料制度。药剂必须专仓储存、专人管理。

第十一条　房地产开发企业在进行商品房的销（预）售时，应当向购房人出具该项目的《白蚁预防合同》或者其他实施房屋白蚁预防的证明文件，提供的《住宅质量保证书》中必须包括白蚁预防质量保证的内容。建设单位在办理房屋产权登记手续时，应当向房地产行政主管部门出具按照本规定实施房屋白蚁预防的证明文件。

第十二条　原有房屋和超过白蚁预防包治期限的房屋发生蚁害的，房屋所有人、使用人或者房屋管理单位应当委托白蚁防治单位进行灭治。房屋所有人、使用人以及房屋管理单位应当配合白蚁防治单位进行白蚁的检查和灭治工作。

第十三条　白蚁防治单位违反本规定第六条的规定，从事白蚁防治业务的，由房屋所在地的县级以上地方人民政府房地产行政主管部门责令改正，并处以1万元以上3万元以下的罚款。

第十四条　白蚁防治单位违反本规定第九条规定的，由房屋所在地的县级以上人民政府房地产行政主管部门责令限期改正，并处以1万元以上3万元以下的罚款。

第十五条 白蚁防治单位违反本规定第十条的规定，使用不合格药物的，由房屋所在地的县级以上人民政府房地产行政主管部门责令限期改正，并处以 3 万元的罚款。

第十六条 房地产开发企业违反本规定第十一条第一款的规定，由房屋所在地的县级以上人民政府房地产行政主管部门责令限期改正，并处以 2 万元以上 3 万元以下的罚款。建设单位未按照本规定进行白蚁预防的，由房屋所在地的县级以上人民政府房地产行政主管部门责令限期改正，并处以 1 万元以上 3 万元以下的罚款。

第十七条 房屋所有人、使用人或者房屋管理单位违反本规定第十二条规定的，房屋所在地的县级以上地方人民政府房地产行政主管部门，可以对责任人处以 1 000 元的罚款。

第十八条 白蚁防治单位违反本规定从事白蚁防治工作，给当事人造成损失的，承担相应的赔偿责任；造成重大质量事故或者其他严重后果，构成犯罪的，依法追究刑事责任。

第十九条 国家机关工作人员在城市房屋白蚁防治管理工作中玩忽职守、徇私舞弊、滥用职权的，依法给予行政处分；构成犯罪的，依法追究刑事责任。

第二十条 本规定由国务院建设行政主管部门负责解释。

第二十一条 本规定自 1999 年 11 月 1 日起施行。

【课后巩固】

（1）白蚁与蚂蚁有什么区别？
（2）"千里之堤，溃于蚁穴"中的"蚁"是指白蚁还是蚂蚁？
（3）房屋建筑发现蚁害后如何处理？
（4）可以用一般卫生杀虫剂防治白蚁吗？

【参考答案】

任务 4 仓库鼠害的防治与处理

 【任务目标】

（1）知道仓库老鼠的习性及特点。
（2）熟悉老鼠对仓库的危害。
（3）学会灭鼠方法。
（4）学会预防鼠疫的发生。

 【练习思考】

（1）鼠害已经成为仓库管理人最为头痛的事情之一，有什么好方法对付它们呢？
（2）下面是某害虫防治服务有限公司介绍的一种灭鼠方法，请同学们判断一下是否正确？

某市郊外的一家公司在粮库里投进一种叫磷化铝的药物，然后将门窗关得严严实实，磷化铝遇到空气就会挥发，发出一股难闻的味道，一两个小时后，老鼠全部被熏死。

【参考答案】

【知识链接】

一、老鼠概述

自古而来，人们对老鼠这种动物是相当畏惧的。"老鼠过街，人人喊打"这句俗语就表明人们对老鼠的憎恶。

老鼠是一种啮齿动物，体形有大有小。老鼠种类多，数量大，繁殖速度很快，生命力很强，几乎什么都吃，在什么地方都能住。老鼠会打洞、上树，会爬山、涉水，而且糟蹋粮食、传播疾病，对人类危害极大。

世界共有1 700多种鼠类，我国鼠类有170多种，我国南方主要鼠种有32种。老鼠有家栖和野栖两类，如图3.6所示。例如，广东地区中仓库常见的家栖鼠主要有褐家鼠、黄胸鼠和小家鼠3种；野栖鼠主要是黄毛鼠，又称罗赛鼠、田鼠。

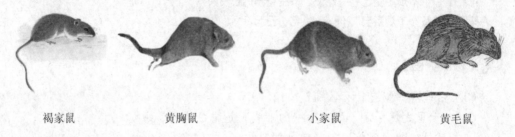

褐家鼠　　　　黄胸鼠　　　　小家鼠　　　　黄毛鼠

图3.6　常见的老鼠

二、老鼠的危害

（一）老鼠对仓库的危害

老鼠对仓库的危害是众所周知的，它不但偷吃粮食，咬坏产品包装、货架、书籍文具，还会毁坏建筑物、咬断电线等，造成经济损失，在"四害"中危害最为严重。据国际卫生组织报告，全世界仓库有10%～20%的损失是鼠害造成的。老鼠啃咬仓库电缆线，造成电线短路，损坏贵重仪器，停电停产，甚至酿成火灾。老鼠啃咬木质货架托盘等设备，损坏货物包装及贵重文史资料。老鼠在建筑物下部掘洞，损坏房基，影响房屋寿命，加速房屋倒塌。

（二）老鼠对人类的危害

老鼠携带病菌，传播疾病，可能会造成人类死亡。研究证实，在老鼠的体内外滋生的病毒、细菌、立克次氏、寄生虫等多达30余种。所传播的疾病中以鼠疫、流行性出血热、钩端螺旋体病、狂犬病、森林脑炎、斑疹伤寒等最为常见，极易致人死亡。据统计，全世界因鼠传疾病造成人类死亡的人数，比全世界历次战争死亡的人数还要多。老鼠还能直接咬人，造成受伤致残，最易受害的是老弱病残及婴幼儿。

此外，老鼠窃食树籽、啃咬树皮、毁坏树苗，影响封山育林和森林更新；在河岸的防洪堤坝、水库的拦水坝掘洞筑巢，造成堤坝垮塌，泛滥成灾。

三、如何发现老鼠对仓库的危害

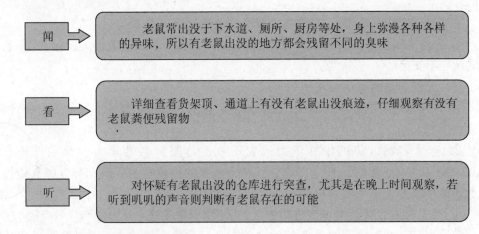

四、仓库鼠害的防治与处理方法

（一）仓库老鼠的预防措施

（1）整治环境，清理卫生死角。仓库货物当日及时清理，不给老鼠留下食物源，以此来提高诱饵对老鼠的引诱力，提高捕鼠的成功率。

（2）在主要防治场所外围四周，使用鼠药布成防线，并定时检查鼠药消耗情况，定期补足鼠药。

（3）定期对下水道、通风口、空调电线电缆等出入口进行及时堵塞，设置防鼠铁丝网。

（二）仓库老鼠的治理措施

1. 环境治理措施

所谓环境治理，是指采取改造、处理或破坏鼠类生活环境和生存条件的措施，从而间接地、持久地达到减少鼠类数量增长的效果。脏乱的环境卫生是老鼠猖獗的根本原因。搞好和保持好环境卫生，经常做到清洁整齐，使老鼠难以生存和发展，鼠害也就不会发生。因此，环境治理是灭鼠工作的一项治本措施。

【参考视频】

2. 药物杀灭方法

用经国家主管部门批准许可使用的灭鼠剂，按规定比例与老鼠喜吃的食物配制成毒饵，投放在老鼠经常出没活动的仓库，让老鼠主动取食致死的方法，称为药物杀灭或药物灭鼠。其优点在于能在同一时间里，在较大范围内杀灭大量的老鼠。在鼠害严重的地区，药物灭鼠是尽快降低鼠密度的最佳方法。

（1）灭鼠剂的种类及优、缺点。

灭鼠剂的种类很多，按其作用的速度分为急性灭鼠剂和慢性灭鼠剂两大类。

在急性灭鼠剂中除磷化锌外，其他品种如氟乙酸钠（1080）、氟乙酰胺（1081）、甘氟、毒鼠强（424）、三氧化二砷（砒霜）等均不准使用，原因如下：

① 药物作用太快，中毒症状剧烈，容易引起老鼠惊疑拒食，灭鼠效果差。

② 毒饵所用药物的浓度很高，老鼠极易辨识出来，接受性差，达不到灭鼠的目的。

③ 安全性极差，人畜一旦误食，没有特效药物难以解救。

④ 急性灭鼠药物一旦流入市场，很容易被不法分子利用制造人为投毒事件，易造成社会不安定。

慢性灭鼠剂是国家认可使用的灭鼠剂，它有以下优点：

① 作用缓慢，中毒症状轻微，没有剧烈的抽搐，不会引起同群鼠的惊疑拒食，灭鼠效果好。

② 连续多次口服的慢性毒力远大于一次口服的急性毒力，采用低浓度（0.025%～0.05%）毒饵，任老鼠取食，符合老鼠的摄食行为，既充分发挥其慢性毒力，又可减少人畜中毒的机会。

③ 对误食者有特效解毒剂维生素 K1，使用非常安全。

慢性灭鼠剂的种类很多，常用的品种有敌鼠钠盐、氯敌鼠、溴敌隆、大隆、立克命、杀它仗等，也有专业公司专门用慢性灭鼠剂制作各种类型的毒饵，视其需要即买即用，既简便又实用、安全。

（2）毒饵的投放技术总的原则。

全方位饱和投放，做到在任何场所、任何时间，只要老鼠出现，都可有毒饵取食。因此，毒饵的投放要做到点多、面广、量足、到位。把毒饵投放在鼠经常活动的场所，顺墙根分成几堆放下，毒饵盛在小盘内或瓦上或硬纸片上，每 $20m^2$ 放三四堆，慢性杀鼠剂每堆放 15～25g，急性杀鼠剂每堆投放 3～5g。

（3）抗凝血杀鼠剂常见的几种投饵方法。

① 饱和投饵法。充分供给毒饵，第 1 天投下毒饵，第 2 天检查，全部吃完处加倍补充，如果只取食一部分，补充到原投饵量。每天检查、补充，直到不取食为止，一般投放 7～10 天，如果投放 20 天以上仍然取食，应停止投放，改用急性杀鼠剂或第 2 代抗凝血杀鼠剂。本法适合于第 1 代抗凝血剂如杀鼠灵、敌鼠钠等，第 2 代抗凝血剂急性毒力强，不适于饱和投饵。

② 间断投饵法，也称回合式投饵。第 1 天投饵，然后每隔 7 天投放一次，共投三四次。本法适合于第 2 代抗凝血杀鼠剂，如大隆、溴敌隆等。

③ 长期放置毒饵盒法。本法适合于灭鼠后巩固效果和特殊环境中灭鼠，可防止非靶动物中毒。首次防治时，用毒饵盒灭鼠不易达到灭鼠指标，需要时间长，一般都在 1 个月以上才能达到指标。将毒饵长期放在老毒饵盒中，毒饵盒放在鼠经常活动的地方，每月检查一次，吃完的补上，发霉的换掉。长期放置能获得满意的灭鼠效果，为了防止鼠对抗凝血杀鼠剂产生抗性，每隔半年放一次急性杀鼠剂。

（4）清鼠尸，考察效果。取食慢性灭鼠剂的老鼠，约有 80%死于洞内或隐蔽场所，仅有 20%左右的老鼠死在易被人发现的场所。因此，药物灭鼠后，应及时清除死鼠和未被老鼠吃掉的剩余毒饵，并做妥善处理（挖坑掩埋）。

3. 器械捕打

鼠板、鼠夹、鼠笼、电猫、粘鼠胶等均可选用。器械捕打，既直观又简便，且安全，是药物灭鼠的极好的辅助措施。尤其对那些因摄食毒饵不够致死量而幸存下来的漏网鼠，器械捕打效果较好。

4. 合理养猫，保护天敌

猫、蛇、黄鼠狼、猫头鹰、雕等猛禽都是克制老鼠的天敌，一生中要捕食大量的老鼠，对遏制鼠群数量起到了积极作用。

5. 设置防鼠设施，把老鼠拒之室外

不管采用何种先进的办法，也不可能做到一个不留的消灭掉所有老鼠，最终也只能达到把室内鼠群的数量降低到不足引起危害的水平。因此，要把设置防鼠设施自始至终列为整个灭鼠工作规划的重要组成部分，适时加以落实。只灭不防，不能使室内的灭鼠效果长期保持；只防不灭，无法在短期内有效地减少鼠群数量。只有综合治理、灭防结合，既治标、又治本才是灭鼠工作的上上之策。

设置防鼠设施的重点是重要单位（如粮库、食品加工厂、饭店、宾馆、餐饮业、食品库房等）和一般单位的重点部门（指机关、学校、部队、企事业单位的职工食堂及食品存放室、微机室等），在门窗、排水孔、排水沟、出入室内的管线进出口、生活垃圾积存处等，用金属材料做成防鼠设施，阻止老鼠从上述通道窜入室内，即可收到控制室内鼠害的目的。

【技能训练】

【训练资料】

课前让学生利用计算机网络、学校图书馆、学校实训设备等各种资源搜集不同类型、种类的捕捉老鼠设备图片50张左右，统一用A4纸打印后上交。

【训练步骤】

1. 组织准备

（1）将全班同学按6～8人进行分组；选出小组长，小组长负责组织本小组成员参与活动。

（2）将训练资料按组数分成对应的份数。

（3）以抽签的方式安排各小组完成不同内容的任务。

2. 布置任务

（1）下达任务书。在规定的时间内，各小组针对所抽取的图片资料讨论其名称、用途，各小组组长负责整理各小组资料。

（2）各小组安排一名代表上台讲解展示本小组的工作成果，并上交相关资料。

3. 考核评价

（1）教师根据各个小组的表现针对讲解内容的精彩性、正确性、完整性等内容进行评分与点评。评分比例占总成绩的60%左右。

（2）教师在点评内容的同时，对各个小组队员之间的团队合作、演讲组织能力等内容进行评分与指导。评分比例占总成绩的35%左右。

（3）开展学生自评项目。评分比例占总成绩的5%左右。

【知识拓展】

关于"鼠疫"

鼠疫（pestis）是由鼠疫杆菌引起的自然疫源性烈性传染病，也叫作黑死病。鼠疫临床主要表现为高热、淋巴结肿痛、出血倾向、肺部特殊炎症等。

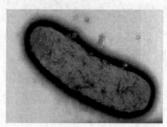

这种病早在 2 000 年前就有记载。世界上曾发生 3 次大流行，第一次发生在公元 6 世纪，从地中海地区传入欧洲，死亡近 1 亿人；第二次发生在 14 世纪，波及欧、亚、非；第三次是 18 世纪，传播 32 个国家。14 世纪鼠疫大流行时波及我国。1793 年，云南师道南所著《死鼠行》中描述当时"东死鼠，西死鼠，人见死鼠如见虎。鼠死不几日，人死如拆堵。"，这充分地说明那时鼠疫在我国流行十分猖獗。

1. 传染源

鼠疫为典型的自然疫源性疾病，在人间流行前，一般先在鼠间流行。鼠间鼠疫传染源（储存宿主）有野鼠、地鼠、狐、狼、猫、豹等，其中黄鼠属和旱獭属最重要。家鼠中的黄胸鼠、褐家鼠和黑家鼠是人间鼠疫重要传染源。当每公顷地区发现 1 只以上的鼠疫死鼠，该地区又有居民点的话，此地爆发人间鼠疫的危险极高。各型患者均可成为传染源，因肺型鼠疫可通过飞沫传播，故鼠疫传染源以肺型鼠疫最为重要。败血性鼠疫早期的血有传染性。腺鼠疫仅在脓肿破溃后或被蚤吸血时才起传染源的作用。3 种鼠疫类型可相互发展为对方型。

2. 传播途径

动物和人间鼠疫的传播主要以鼠蚤为媒介。当鼠蚤吸取含病菌的鼠血后，细菌在蚤胃大量繁殖，形成菌栓堵塞前胃，当蚤再吸入血时，病菌随吸进之血反吐，注入动物或人体内。蚤粪也含有鼠疫杆菌，可因搔痒进入皮内。这种"鼠→蚤→人"的传播方式是鼠疫的主要传播方式。少数可因直播接触病人的痰液、脓液或病兽的皮、血、肉经、破损皮肤或黏膜受染。肺鼠疫患者可借飞沫传播，造成人间肺鼠疫大流行。

3. 人群易感性

人群对鼠疫普遍易感，无性别年龄差别。病后可获持久免疫力。预防接种可获一定免疫力。

4. 流行特征

（1）鼠疫自然疫源性。世界各地存在许多自然疫源地，野鼠鼠疫长期持续存在。人间鼠疫多由野鼠传至家鼠，由家鼠传染于人引起。偶因狩猎（捕捉旱獭）、考查、施工、军事活动进入疫区而被感染。

（2）流行性。本病多由疫区通过交通工具向外传播，形成外源性鼠疫，引起流行、大流行。

（3）季节性与鼠类活动和鼠蚤繁殖情况有关。人间鼠疫多在 6—9 月。肺鼠疫多在 10 月以后流行。

（4）隐性感染在疫区已发现有无症状的咽部携带者。

5. 鼠疫防灾应急

(1) 鼠疫防灾应急要点：

① 家中或单位发现死老鼠，应立即向所在地区疾病预防控制中心报告。

② 如人体出现不明原因的高热、淋巴结肿大、疼痛、咳嗽、咳血痰等症状，应立即到医院就诊。一旦确诊，立即将病人隔离。

③ 由专业人员对病人用过、接触过的物品及房间进行消毒。

(2) 鼠疫防灾提示：

① 接触过鼠疫病人者应主动向疾病预防控制中心报告。

② 立即采取统一的灭鼠、灭蚤行动。

③ 发生疫情，须服从当地政府、疾病预防控制中心的指挥。

④ 严禁无关人员进入疫区。

【课后巩固】

(1) 传播鼠疫的昆虫是（ A ）。

  A. 跳蚤　　　　B. 蚊子　　　　C. 苍蝇　　　　D. 蟑螂

(2) 灭鼠的主要方法有哪些？

(3) 鼠疫又叫作什么？它主要的危害在哪里？传播的途径有哪些？

【参考答案】

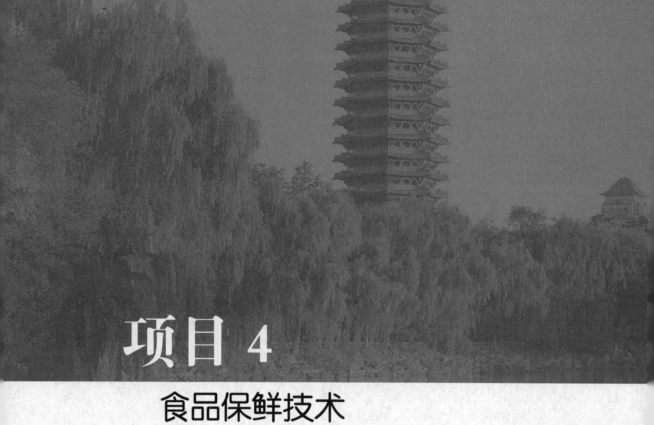

项目 4

食品保鲜技术

【学习目标】

知识目标	能说明食物腐烂的原因 能解释生物保鲜技术的特点 能讲解不同水果的保鲜要求与技巧 能解释化学保鲜技术特点 能阐述化学保鲜技术的本质 认识食物添加剂
技能目标	能在生活中运用常见的物理保鲜技术 能在生活中运用食品气调保鲜方法 能在生活中运用涂膜保鲜方法 学会水果从采摘到入库过程的保鲜技术
职业能力目标	让学生树立爱护粮食、节约粮食的观念 让学生认识鲜活产品的保鲜概念,提前了解该行业的前景

任务1　物理保鲜技术

【任务目标】

（1）能说明食物腐烂的原因。
（2）能在生活中运用常见的物理保鲜技术。
（3）能根据食物特性选用不同物理保鲜方法。

【练习思考】

夏天温度比较高的时候，吃剩的饭菜如果忘记放入冰箱，很容易出现变质现象。一般家庭中，除冰箱保存外还有哪些方法可以保存食物？

【参考答案】

【知识链接】

变质的食物不仅外观发生变化，失去原有食物的色、香、味品质，营养价值也会下降，还会含有相应毒素危害人体健康。

一、食物腐烂的原因

（1）微生物作怪。环境中无处不存在微生物，食物在生产、加工、运输、储存、销售过程中，很容易被微生物污染。只要温度适宜，微生物就会生长繁殖，分解食物中的营养素，以满足自身需要。这时食物中的蛋白质就被破坏了，食物会发出臭味和酸味，失去了原有的坚韧性和弹性，颜色也会发生变化。

（2）酶的作用。动物性食物中有多种酶，在酶的作用下，食物的营养素被分解成多种低级产物。平时看到的饭发馊、水果腐烂，就是碳水化合物被酶分解后发酵了。

（3）食物的化学反应。油脂很容易被氧化，产生一系列的化学反应，氧化后的油脂有怪味，如肥肉会由白色变成黄色。

二、主要的物理保鲜技术

（一）简易储藏法

简易储藏包括堆藏、沟藏（埋藏）和窖藏3种基本形式，以及由此而衍生的假植储藏和冻藏。这些都是利用自然低温尽量维持所要求的储藏温度，结构设备简单，并且都有一定的自发保藏作用。

1. 堆藏

堆藏是将果蔬直接堆放在田间和果园地面或空地上的临时性储藏方法。堆藏还可以作为一种预储方法。堆藏时,一般将果蔬直接堆放在地面上或浅沟(坑)中,根据气温变化,分次加厚覆盖,以进行遮阴或防寒保温。所用覆盖物多就地取材,常用覆盖材料有苇席、草帘、作物秸秆和土等。由于堆藏是在地面上堆积储藏,所以果实入储后受地温影响较小,而受气温影响较大,尤其在储藏初期,因气温较高,堆温难于下降。因此,堆藏不宜在气温高的地区应用,一般只在秋冬之际作短期储藏时采用。储藏堆的宽度和高度应根据当地气候特点和果蔬种类来决定。

堆藏在我们生活当中应用范围比较窄,主要应用在我国北方地区,主要应用于水果类、瓜果类的存放。

生姜堆藏储藏实例

目前生姜采用堆藏的方式进行保存,主要有包装堆藏、封闭堆藏和散放堆藏3种方法。下面主要介绍前面两种方法。

(1)包装堆藏。首先对生姜进行严格挑选,剔除受冻、受伤、小块和干瘪有病的姜块,然后将姜装筐(篓),采用骑马形分柱堆放。堆储高度以3只筐(篓)高即可。储藏期间,经过高温季节,姜块容易出芽(芽可供食用),一般可采用分批剥芽,陆续供应的办法。

(2)封闭堆藏。一般在立冬前进行。堆藏前,要进行严格挑选,剔除病变、受伤、雨淋的姜块,留下质量好的散堆在仓库内,用草包或草帘遮盖好,以防冻坏。堆藏仓间不宜过大,一般每仓以散装堆放10t左右为宜。姜堆高2m左右,堆内均匀地放入若干个用芦柴扎成的通气筒,以利通气。堆藏时,墙四角不要留空隙,中间可稍松些。窖温一般控制在18~20℃。当气温下降时,可增加覆盖物保温。如气温过高时,可减少覆盖物以散热降温。

2. 沟藏

沟藏是果蔬储藏方法中较为简便的一种,根菜、板栗、核桃、山楂等一般多用此法保藏,苹果等水果也有采用此法保藏的。沟藏应在地面挖沟或坑,埋藏地点应选择地势较高,土质较黏,排水良好,地下水位较低之处。沟的方向在比较寒冷的地区,以南北长为宜;在较为温暖地区,多采用东西长方向。沟的深度一般根据当地冻土层的厚度而定,在冻土层以下储藏。埋藏的效果除受土温影响外,还与其宽度有关。果蔬在沟内堆放的方法一般有4种:一是堆积法,即将果蔬散堆于沟内,再用土(沙)覆盖;二是层积法,即每放一层果蔬,撒一层沙,层积到一定高度后,再用土（沙）覆盖；三是混沙埋藏法，将果蔬与沙混置后，堆放于沟内，再进行覆盖；四是将果蔬装筐后入沟埋藏。

萝卜沟藏储藏实例

萝卜收获后最好当即入沟储藏，如外界气温较高，可将萝卜在田间堆成小堆，用叶子或土盖好，防止风吹日晒造成蒸发失水，待气温适宜时再入沟储藏。入沟时间最好是上午10时前，此时萝卜体温和沟内的温度较低，带入沟内的热量少。萝卜在沟内可以散堆，也可以一层萝卜一层土分层码放。不管采用哪些方式，沟中萝卜的堆积不可过厚，以 40～50cm 厚为宜。如过厚，萝卜上下层温差过大，将造成上层受冻，而下层变热。萝卜入沟后，上面覆盖一层土。

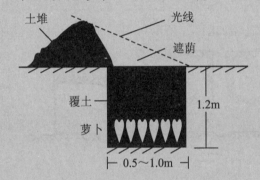

萝卜沟藏必须掌握好每次覆盖土的时期和厚度，以防底层温度过高或表层产品受冻。萝卜刚埋入沟时气温、土温都比较高，加上萝卜堆积在一起的呼吸作用散发的热量，会使沟内温度急剧上升。如高温时间持续较长，便容易发生腐烂，故初入沟时，上面覆土不可过厚，使沟中尽可能地接受外界低气温影响，使温度尽快下降，以后随气温下降再覆土两三次，最后约与地面齐平。为了保持沟内湿润环境，每次覆土时应浇些水，使土壤含水量保持在 18%～20% 为宜，切忌沟底积水，以免引起腐烂。

3. 窖藏

储藏窖的种类很多，其中以棚窖最为普遍。此外，在山西、陕西、河南等地还有窑洞，四川等地储藏柑橘采用井窖的形式等。这些窖多是根据当地自然、地理条件的特点建造的。它既能利用稳定的土温，又可以利用简单的通风设备来调节和控制窖内的温度。果蔬可以随时入窖出窖，并能及时检查储藏情况。但是，棚窖及其他窖型一般通过通风来降低温度。

> **白酒窖藏储藏实例**
>
> 白酒生产企业将精选出的优质原浆酒,盛入以陶质容器为主或其他适宜窖藏的容器内,储藏在地下、岩洞、半地下的酒窖内,酒窖的温度要求四季温差不宜过大,也就是冬暖夏凉,通风良好。
>
> 由于原浆酒未添加白酒以外的任何物质,其酒分子仍保持着很好的稳定性,在窖藏的过程中,容器中的白酒在适宜的温度下透过容器呼吸着窖内干湿度适宜的空气,白酒在窖藏过程中可以产生缓慢的化学变化,即乙醇在醇酸酯化过程中生成新的酯类。窖藏的时间越长生成的酯类就越多,酒的香气就越大。因此窖藏也就是储藏的过程。

生活中常见窖藏造型如图 4.1 所示。

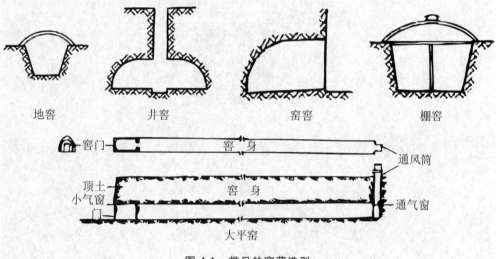

图 4.1 常见的窖藏造型

(二)通风冷藏法

通风冷藏法是利用自然气温降低库内温度,利用绝热材料隔绝内外热交换,从而保证库内相对稳定的低温。同时,可设置电风扇鼓风机或采取加冰等措施,降低库内温度,提高储藏保鲜效果。

1. 通风库的特点

通风库的特点是利用自然冷热空气对流的原理,引入外界冷空气,换出库内热空气,使库内温度降低。但是通风库是永久性的固定建筑,具有良好的隔热材料和通风设施,所以它既属于自然降温范围,又具有一定的人工调节性质。

它比其他自然降温方式更具有较好的保温性和降温性,储藏应用范围广,操作管理方便,储藏保鲜效果也比较好,是目前我国果蔬商品储藏中应用最广泛的一种方式。

2. 通风库的管理

(1)储前准备。果蔬入库前,要做好准备工作,如库房的清扫、消毒,设备的检修,工具的消毒等,以保证入库时和储藏期间运转正常。

库房消毒工作方法主要采用熏蒸法,可用硫黄熏蒸($10g/m^3$),也可用1%的甲醛溶液喷洒地面($30g/m^3$)。将库房密封一昼夜,通风换气使库内空气清新后,果实才能入库。

(2)库温控制。通风储藏库的温度控制,主要是根据库内外的温差,人为地控制通风量和通风时间。在储藏初期,一般是利用夜间或凌晨进行换气,白天关闭保温,以达到尽快降低库温的要求;严冬季节,外界气温过低,为防止果蔬出现冻害,换气时间应选择在白天中午进行,同时加强保温措施。

(3)湿度调节。湿度是保持果蔬新鲜状态的重要条件,当库内湿度过低时,会引起果蔬失水萎蔫,失去新鲜状态,还会导致果蔬抗病性和耐藏性下降。可以通过地面洒水、悬挂湿麻袋、覆盖湿草帘等方法增加湿度。通风库出现库内湿度过高时,可采取适当通风,或在库内放置生石灰等吸湿剂,吸潮降湿。

(三)冷库冷藏法

冷库储藏指机械制冷储藏。因此,冷库储藏首先需要具备很好绝缘隔热设备的永久性建筑库房,以及机械制冷装置。这样的配套设备可以利用机械冷却装置制冷储藏。根据所储藏果蔬的种类和品种的不同,进行温度的调节和控制,以达到长期储藏的目的。机械冷藏可以满足不同果蔬对不同温度的需要，因此，可以全年进行储藏。

常见的冷藏库按其使用性质可分为三大类：生产性冷库、分配性冷库和零售性冷库。

（1）生产性冷库。一般建于货源较集中的产区，供产品集中后的冷冻加工和储藏之用，这种冷库要求具有较大的制冷能力并有一定的周转库容。

（2）分配性冷库。一般建在大中型城市里或交通枢纽及人口较集中的工矿区，作为市场供应的中转和储存货品之用。这种冷库也要有较大的制冷能力，并适于多品种的储藏，故通常间隔成若干个储藏室，可维持不同的储藏温度，库内运输要流畅，吞吐要迅速。

（3）零售性冷库。一般是供零售部门使用的一种冷库。它的库容量较小，储存期较短，库温可随需要而改变。目前我国各地的果蔬冷藏库大都属于生产性冷库和分配性冷库，并且常常两者兼用。

【参考视频】

例：冷鲜肉处理过程

宰杀→降温至18～20℃→排酸→冷藏链

超市常用的冷藏冷却保鲜设备有风幕展示柜、蛋糕陈列柜、蛋糕冷藏柜、陈列柜、玻璃门陈列柜、保鲜陈列柜、保鲜展示柜、冰箱、冰淇淋展示柜、酒柜、超市不锈钢冷库、冷藏展示柜、超市制冷设备、立式风幕柜、鲜花保鲜柜、熟食保鲜柜、熟食展示柜、熟食便利柜、保鲜点菜柜、鲜肉柜、生鲜柜、冷鲜肉展示柜、猪肉柜、鲜肉保鲜柜、超市蔬菜架等，部分如图4.2所示。

风幕展示柜

保鲜陈列柜

熟食保鲜柜

图4.2 超市常用的冷藏冷却保鲜设备

（四）减压储藏法

减压储藏又叫低压换气储藏、低压储藏，它是将果品放在一个密闭容器内，用真空泵抽气降低压力的一种储藏方法，是蔬菜水果以及其他许多食品保藏的又一个技术创新，是气调冷藏的进一步发展。根据果蔬特性和储藏温度，压力可降至10～80mmHg不等。新鲜空气经过压力调节器和加湿器不断引入储藏容器，每小时更换1～4次，并使内部压力一直保持稳定的低压，用以除去各种有害气体。这种方法效果很好，但其最大的缺点是制造耐压容器投资太大，目前仍处于试验阶段。这种减压条件令蔬菜水果的储藏期比常规冷藏延长几倍。

（五）电磁处理法

果蔬经电磁场处理后，有抑制呼吸、减少腐烂、延迟成熟的作用，其作用机理是通过电磁场作用，在电场和磁场力的作用下，使果蔬内部组织间的细胞液分子排列更加有序，从而增加果蔬抗病和抗衰老的能力，提高耐藏性。电磁场处理技术在果蔬储藏保鲜中的应用目前处于实验阶段。

（1）磁场处理。产品在一个电磁线圈内通过控制磁场强度和产品移动速度，使产品受到一定的磁力线影响。

（2）高压电场处理。即一个电极悬空，一个电极接地，两者间便形成不均匀的电场，将产品置电场内，接受间歇的或连续的生理活动。对植物的生理活动，正离子起促进作用，负离子是抑制作用，故在果蔬储藏上常用负离子空气处理。臭氧是极强的氧化剂，有灭菌消毒、破坏乙烯等作用。果蔬采用臭氧处理，可以抑制呼吸，延缓成熟，减少腐烂。目前，国内已有负离子空气发生器和臭氧发生器定型设备。

【技能训练】

【训练资料】

（1）收集生活中常见的食物图片，如水果类、肉类、水产类、糖果类等，分别选择对应的食品保鲜技术来保存食品（以下图片仅供参考）。

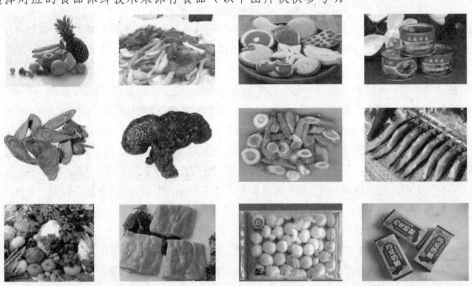

（2）准备活动记录表格资料。

【训练步骤】

1. 组织准备

（1）将全班同学按 6~8 人进行分组；选出小组长，小组长负责组织本小组成员参与活动。

（2）以抽签的方式安排各小组完成不同种类的食物保鲜的任务。

（3）在课堂规定的时间内，由小组长组织本组成员对相关的食物进行保鲜技术设计，填写相关表格资料，书写保鲜总结报告。

2. 布置任务

各小组委派代表上台讲解展示本小组在活动中的工作成果，相互交流不同食物选用不同的保鲜技术的方案，并上交小组资料。

3. 考核评价

对各小组的考核主要从以下三方面来进行：

（1）各小组根据训练资料进行讨论后，讨论结果记录的正确性情况。评分比例占总成绩的 50%左右。

（2）各小组讨论过程中及交叉评审过程中小组成员参与的积极性、团队合作、纪律性等情况。评分比例占总成绩的 30%左右。

（3）小组代表陈述评审结果时的逻辑性、条理性等表达情况。评分比例占总成绩的 20%左右。

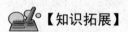【知识拓展】

葡萄的保鲜技术（节选）

1. 储前准备

（1）冷藏库的准备。

无论是新建库还是已使用过的冷库，都要在葡萄入库前一周进行库房和用具消毒。消毒方法可用硫黄熏蒸，或用专用库房消毒剂，也可用福尔马林喷洒。用硫黄熏蒸时，按每立方米 20g 硫黄用量，将硫黄加热燃烧，然后密闭 24h，通风换气后方可使用。注意在燃烧硫黄时，要防止火星飞溅而引发火灾。

冷库消毒后，应提前 3~5 天开动制冷机组进行降温，使空库气温降至 -2℃ 左右，并维持这一温度。在这段时间内，冷库内气温虽然降到 -2℃，但库房的墙壁、屋顶、地面以下土层中还蓄有大量的热，会继续向库内释放热量。另外，外界的太阳辐射以及热空气也在不断地通过墙壁、屋顶和地面向库内输送热量。因此，提前降温不仅是把库内气温降低，而且还要把库体（屋顶、墙壁及地面等）的温度降下来，才能在预冷及储藏过程中维持较稳定的低温。夏季外界热辐射强烈，降温时间要比秋天更长一些。对于库体保温设计不好的库房，因受外界热源影响，降温较为困难。对库房壁充分预冷，有利于葡萄入库后的快速预冷。

（2）包装箱的准备。

在葡萄入库储藏前，须准备好足够的包装箱。包装箱以装 5kg 左右的较好，大小规格要一致。材质一般为板条箱、纸箱、塑料箱。板条箱内部要光滑，以免刺破保鲜袋。纸箱要有足够的抗压强度，两边要有孔洞，有利于在预冷时快速接触冷空气，达到快速预冷的效果。一般箱子的规格为 15cm×25cm×35cm（长×宽×高），以放一层葡萄为宜，避免在装箱、放药、运输、销售时，各穗葡萄之间互相挤压、重叠，在取葡萄时造成损伤、落粒，也便于药剂的均匀释放。

(3) 保鲜剂、保鲜膜和调湿膜的准备。

葡萄储藏前要准备好保鲜剂、保鲜膜和调湿膜。调湿膜主要用于不耐湿的葡萄，它经过严格的消毒，内有干燥剂，而且也有一定的保鲜作用。实践证明，使用调湿膜入储的葡萄，袋内很少结露，保鲜效果明显好于没放调湿膜的。

2. 采收

(1) 适宜采收。

长期储藏的葡萄要达到充分成熟时采收，但用于储藏的葡萄要在下霜前采收，以免葡萄受冻害，影响储藏质量。因为葡萄无明显的后熟过程，糖分在采前充分积累，采后只有消耗，不再有其他转化过程。适当晚采可提高含糖量，从而提高耐储性。欧洲品种的晚熟葡萄在不受冻害的前提下，越晚采越好，而欧美品种的巨峰达到紫红、紫黑色，糖度15%以上时，应及时采收入储。在葡萄采收前的一个月，要严格控制灌水量，增施磷钾肥；采前15天应停止灌水，遇中雨以上的降雨，要推迟一周采收。

葡萄采摘应在上午露水干时进行，采摘时要轻拿、轻放，勿伤穗轴、果梗，严防机械损伤。摘下后要剔除病虫害果、受伤果、未完全成熟的小粒果，轻轻放在架下干净的地面上。摘放时，注意尽量不要用手摸果面，以保持果粉完好。

(2) 葡萄质量要求。

葡萄果实的质量是决定储藏保鲜效果的关键因素之一，即便是在包装预冷、温度管理、湿度管理及防腐措施等各项重要环节做到完美无缺的条件下，如果葡萄的质量不好，储藏保鲜效果必定差。

储藏用的葡萄应从产量适中（巨峰亩产2 000kg左右，红地球1 500kg左右）、病虫害发生少的果园中选取。葡萄果穗应发育正常整齐、色泽鲜艳、无病虫害。葡萄产量过高，会造成葡萄质量不好；果穗不整齐、大小粒严重、含糖率低、不着色，会严重影响商品价值，葡萄储藏效果也不会好。

3. 装箱

入库储藏的葡萄应一次装箱、码紧，以后不要再翻动。装箱前要事先在箱内衬好保鲜袋，装箱时要轻拿轻放，果穗要合理搭配摆放，既要摆严，还不能挤伤果粒，每箱最多摆放2层，以减少果梗互相挤压。摆放要果柄向内，果穗装实，以减少运输时相互碰撞，引起机械伤害。

4. 预冷

刚采收的葡萄带有大量的田间热和表面水分，不经预冷就放入保鲜剂和封袋，会出现大量结露，箱底会积水，易引起腐烂。

采收的葡萄要尽快运到冷库所在地，有条件的可先将葡萄箱单层摆放在阴凉处，敞口放置6~8h，使表面水分和田间热散失一部分，然后再敞口单层入库摆放进行预冷。预冷温度：巨峰为-1℃，木纳格及无核白为-0.5℃。预冷时间为12h左右。预冷时间太短，葡萄果粒内部温度降不下来，影响储藏质量；预冷时间太长，葡萄在储藏期易出现干梗脱粒。

为了保证预冷质量，预冷时只能在库房地面平摆一层箱子，待预冷完毕后，放入保鲜剂，并将保鲜袋扎口，合上箱盖，按要求在库房一角码垛。腾出来的地方用于预冷第二批葡萄，以此类推。因此，储藏用葡萄必须根据冷库预冷量分批采收。若一次性采收，一部分未能及时预冷的葡萄将会形成严重的干梗落粒。

5. 放药、封箱和码垛

葡萄预冷后，即可放入葡萄保鲜剂。保鲜剂的放药量是2包（4片）/千克，如5kg包装的巨峰葡萄，放入10包即可。对于产地储藏的巨峰而言，若箱内只放一层葡萄，可在预冷后将药放在葡萄上面（一定不能放在葡萄下面），再用大头针在每包保鲜剂上扎两个透眼；若箱内放两层葡萄的，可在两层间放5包，上面再放5包，每包也扎两个透眼。对于要运输至冷库储藏的，在田间装箱时即可放保鲜剂，而且每包扎两三个透眼，预冷后直接封箱，扎紧袋口，使之不透气。对于木纳格葡萄，因为它不耐湿也不耐药，用药种类、放药量及放药位置均与巨峰不同。

包装袋封口后，马上封箱码垛。码垛前，垛底要用木方顺风向条状垫起，高度为10cm，以利于通风和冷气循环。墙四周要留10cm左右的间隙，确保库内冷空气畅通。每垛1m，垛之间要顺风向留10cm的通风道；库房中间要顺风向留50cm左右的主风道兼作过道；距库房的顶端留40~50cm的空间。要严格按上述要求码垛，确保冷气流通良好。

6. 库房管理

葡萄完全入库储藏后，库内相对湿度维持在90%左右，当果温达到−0.5~0.5℃时即进入正常管理阶段。冷库虽有自动控温装置，但也应在库房不同位置放3~4个温度计测温，要用刻度为0.1℃的精密温度计，水银温度计最好。为了更好地检测库内温度，可在库内不同位置放2个水碗，当碗中水表面结一层薄冰，即为适宜温度。

不同葡萄品种适宜的储藏温度也不同，巨峰葡萄在储藏期应保持在−0.5~1℃范围内，木纳格和无核白应保持在−0.5~0℃。

在储藏期间，除了要保持适宜的低温外，维持库内温度稳定，防止温度剧烈波动也是一个必须引起重视的问题。库内温度波动过大，不但影响葡萄的生理活动，而且还是造成袋内结露、加速腐烂的重要原因。

为了检查储藏质量，在垛内的不同部位应留出3~4箱观察箱，定期检查储藏保鲜情况。如发现发霉、腐烂、裂果、药害、冻害等时，要及时组织销售。

当外界温度低于0℃时，可打开通风窗利用自然冷源降温。当外界气温过低时，要堵好风口，注意防寒保温，以防葡萄受冻；同时，可利用白天温度较高时，启动风机通风换气，保持库内空气新鲜。

【课后巩固】

利用课后时间，上网查阅草莓、雪梨、西瓜等水果的保鲜技术，比较一下它们的保鲜技术有哪些不同的地方，选用不同保鲜技术的优点在哪里。

任务2 生物保鲜技术

【任务目标】

（1）认识生物保鲜技术。
（2）能在生活中运用食品气调保鲜方法。
（3）能在生活中运用涂膜保鲜方法。
（4）学会水果从采摘到入库过程的保鲜技术。
（5）能讲解不同水果的保鲜要求与技巧。

【练习思考】

（1）甘蔗是南方冬天收获的水果之一，在夏日到处可见但难以长久保存，农民或企业选用哪些方法可以保持甘蔗新鲜呢？

（2）你认为家庭中采用哪些方法能使以下水果不变质呢？

【参考答案】

【知识链接】

一、生物保鲜技术概述

生物保鲜技术是近年来发展起来的具有广阔前途的储藏保鲜方法，其中，利用转基因技术和生物防治进行储藏保鲜是生物技术在果蔬储藏保鲜中应用的典型实例。

> 生物保鲜技术是将某些具有抑菌或杀菌活性的天然物质配制成适当浓度的溶液，通过浸渍、喷淋或涂抹等方式应用于食品中，进而达到防腐保鲜的效果。

二、食品生物保鲜技术特点

目前，国内外对食品保鲜采用的方法大致为干燥储藏、冷冻储藏、化学处理、加热处理、超高温处理、高压处理等。

与以上方法相比，现代食品生物保鲜技术有一定的特点和优势。

> （1）可以有效地抑制或杀灭有害菌等，更有效地达到保鲜的目的。
> （2）无毒物残留，无污染，真正做到天然和卫生。
> （3）能在更大程度上保持食品原有风味和营养成分，并且外观形态不发生变化。
> （4）节约能耗，利于环保；在保鲜的同时，还有助于提高食品的品质和档次，从而提高产品附加值。

三、生物保鲜技术的一般要素

（1）抑制或杀灭食品中的微生物。
（2）隔离食品与空气的接触，延缓氧化作用。
（3）调节储藏环境的气体组成。
（4）相对湿度。
（5）温度等。

四、生物保鲜技术的内容

（一）食品的气调保鲜

1. 食品的气调保鲜原理

在一定的封闭体系内，通过各种调节方式得到不同于正常大气组成（或浓度）的调节气体，以此来抑制引起食品品质劣变的生理生化过程或抑制食品中微生物的生长繁殖（新鲜果蔬的呼吸和蒸发、食品成分的氧化或褐变、微生物的生长繁殖等），从而达到延长食品保鲜或保藏期的目的。

2. 气调保鲜的形式

气调保鲜的形式有真空包装、真空贴体包装、气体吸附剂包装、控制气氛包装及改善气氛包装。

3. 气调保藏的特点

（1）能够对新鲜果蔬等进行保鲜，延缓果蔬产品的衰老过程。
（2）降低呼吸强度。
（3）降低产品对于乙烯作用的敏感性。
（4）延缓叶绿素的寿命。
（5）减慢果胶的变化。

4. 食品气调保鲜做法

气调的方法较多，但总的来说，其原理都是基于降低含氧量，提高 CO_2 或 N_2 的浓度，并根据储藏物的不同要求，使气体成分保持在所希望的状况。

（1）自然气调法。对于果蔬等呼吸强度大的食品，一般采用自然降氧的方法进行气调。在密闭性好的储藏环境中，果蔬呼吸作用使 O_2 降低、CO_2 增加，当其含量变化达到所希望的浓度后，便设法将过剩的 CO_2 排除，另外再通入部分新鲜空气以补充不足的氧气。

（2）置换气调法。利用燃烧液化丙烷等消除空气中的 O_2 和提高 CO_2 浓度，再经冷却后通入库内；利用空气直接置换的办法，将部分或全部空气置换成 N_2 或 CO_2 的过程。该法可在短时间内达到库内低氧或绝氧的状态。

（3）塑料薄膜气调法。利用塑料薄膜对 O_2 和 CO_2 渗透性不同及对水透过率低的原理来抑制果蔬在储藏过程中的呼吸作用和蒸发作用。塑料薄膜一般选用 0.12mm 厚的无毒聚氯乙烯薄膜或 0.974～0.2mm 厚的聚乙烯塑料薄膜。

（4）硅窗气调法。根据不同的果蔬及储藏的温湿条件选择面积不同的硅橡胶织物膜热合于用聚乙烯或聚氯乙烯制成的储藏帐上，作为气体交换的窗口，简称硅窗。

（5）涂膜气调法。食品涂膜是将成膜物质事先溶解后，以适当方式涂敷于食品表面，经干燥处理后，食品的表面便被覆一层极薄的涂层，故又称为液体包装。

（6）催化燃烧降氧气调法。用催化燃烧降氧机以汽油、石油液化气等与从储藏环境中（库内）抽出的高氧气体混合进行催化燃烧反应，反应后无氧气体再返回气调库内，如此循环，直到把库内气体含氧量降到要求值。

（7）充氮气降氧气调法。从气调库内用真空泵抽除富氧的空气，然后充入氮气，这两个抽气、充气过程交替进行，以使库内氧气含量降到要求值。

5. 气调保鲜技术的主要应用

气调保鲜方法目前主要应用在果蔬保鲜行业，如根菜类（萝卜、胡萝卜）、茎菜类（洋葱、大蒜、马铃薯）、叶菜类（大白菜、油菜、菠菜、芹菜、香菜、韭菜、葱）、花菜类（花椰菜、黄花菜）、果菜类（黄瓜、冬瓜、南北瓜、茄子、番茄、辣椒、青椒、豆角）等。

（二）涂膜保鲜技术

涂膜保鲜技术就是在果实表面涂上一层高分子的液态膜，干燥后成为一层很均匀的膜，可以隔离果实与空气进行的气体交换，从而减弱了果实的呼吸作用，降低了营养物质的消耗，改善了果实的硬度和新鲜饱满程度，并减少了病原菌的侵染而造成的腐烂。

1. 涂膜保鲜技术的原理

涂膜是人为形成的一种有一定阻隔性的膜，可阻止果蔬失水。果蔬的呼吸作用使膜内 O_2 浓度下降，CO_2 浓度上升。当膜内 O_2 和 CO_2 浓度符合果蔬储藏的适宜气体条件时，可起到自发气调作用，抑制果蔬呼吸，延缓衰老。

2. 涂膜保鲜的特点

（1）发挥气调作用。

（2）保水防蔫，改善食品的外观品质，提高食品的商品价值。

（3）具有一定的抑菌性。

（4）能够在一定程度上减轻表皮的机械损伤。

（5）可发挥保鲜增效作用。

3. 涂膜保鲜注意事项

（1）研制出不同特性的膜以适用于不同品种食品的需求。

（2）准确测量膜的气体渗透特性。

（3）准确测量目标果蔬的果皮与果肉的气体及水分扩散特性。

（4）分析待储果蔬内部气体组分。

（5）根据果蔬的品质变化，对涂膜的性质进行适当调整，以达到最佳保鲜效果。

4. 涂膜保鲜的方法

（1）浸涂法。将涂料配成适当浓度的溶液，将果实浸入，蘸上一层薄薄的涂料后，取出晾干即成。

（2）刷涂法。用软毛刷蘸上涂料液，在果实上辗转涂刷，使果皮上涂一层薄薄的涂膜料。

（3）喷涂法。用机器在果实表面喷上一层均匀而极薄的涂料。

5. 常用的果蔬涂膜保鲜剂

（1）果蜡。它是最早使用的果蔬保鲜剂，是一种含蜡的水溶性乳液，喷涂在果实的表面干燥后，在果皮表面固化形成薄膜。经过打蜡的水果，色泽鲜艳，外表光洁美观，且保鲜效果好。

（2）可食用膜。它是采用天然高分子材料，经过一定的处理后在果皮表面形成的一层透明光洁的膜。它具有较好的选择透气性、阻水性，与果蜡相比，具有无色、无味、无毒的优点。

（3）纤维素膜。具有良好的成膜性，但对于气体的渗透阻隔性不佳。通常要加入脂肪酸、甘油、蛋白质以改善性能。

6. 涂膜保鲜技术的主要应用

涂膜保鲜方法目前主要应用在果蔬保鲜行业、鸡蛋行业，涂膜法保鲜果蔬的关键在于所用的涂膜剂。涂膜剂必须无毒、无异味，与果蔬、鸡蛋接触后不产生对人体有害的物质。果蔬涂膜后，表面被一层极薄的涂层包裹着，所以有人也把这种处理称为"液体包装"。

【技能训练】

【训练资料】

课前每一位同学准备一支鲜花，根据自己选用的保鲜技术准备所需保鲜用具。

【训练步骤】

1. 组织准备

（1）在教师的指导下，选1名学生担任组长，由组长担任管理工作。安排1名学生担任活动的记录员。

（2）组长负责管理班上学生在鲜花保鲜活动过程中的所有工作，包括突发事件的处理。

2. 布置任务

（1）课前各位学生分别根据自己准备的材料进行鲜花保鲜试验，并做好相应的书面记录（时间为3天）。

（2）组长管理现场工作；记录员要做好记录登记。

（3）课堂上，教师抽查其中部分的学生上台讲解展示在保鲜活动中的工作成果，相互交流保鲜过程中的所见所得。上交个人资料。

3. 考核评价

对个人成绩的考核主要从以下5个方面来进行：

（1）根据训练资料进行操作后，操作结果记录的正确性情况。评分比例占总成绩的10%左右。

（2）鲜花在3天后的保鲜程度。评分比例占总成绩的20%左右。

（3）选用的保鲜技术的运用程度。评分比例占总成绩的20%左右。

（4）学生参与的积极性、团队合作、纪律性等情况。评分比例占总成绩的30%左右。

（5）陈述结果时的逻辑性、条理性等表达情况。评分比例占总成绩的20%左右。

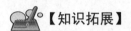【知识拓展】

苹果的保鲜技术

1. 采收

苹果的采收期对储藏质量影响很大。采收太早，果实外观色泽风味都不好，还容易发生虎皮病、苦豆病、褐心病、二氧化碳伤害和失水萎蔫等；采收太晚，果实容易衰老，果肉发绵、褐变，发生斑点病、水心病、果肉湿褐病和腐烂。作短期储藏或冷藏的可稍晚采收，储藏期较长可适当提早采收。采收时要轻拿、轻放，避免碰伤和擦伤，采收最好在早晚进行，避免在雨天收获。

2. 预冷

（1）自然预冷。利用秋季夜间气温较低的特点，将采收的苹果有序地堆放在树荫下或空气流畅的房间内放置一夜，利用夜间自然降温，使果实散失部分热量，次日清晨再快速包装入库。

（2）水冷。将刚采收的苹果放入冷水中（水中可加冰块）使其降温。水冷降温速度快，也可在水中添加一定量的钙盐和防腐剂，以取得更好的储藏效果。

（3）风冷。将果实放入预冷室内，通过冷风使其降温。

（4）冷却间冷却。采后及时进入冷库，进行快速预冷。

（5）真空预冷。将果实放入耐压的密闭容器中，抽气减压，使果实表面水分迅速蒸发，带走热量，降低果温。

3. 冷库保鲜储藏

苹果品种间的耐藏性差异很大，冷藏应选择晚熟品种。苹果冷藏的适宜温度因品种而异，大多数晚熟品种以$-1 \sim 1℃$为宜，相对湿度应控制在90%左右。

苹果入库前要对冷库进行清扫和消毒，并检修好设备，在进果前2～3天正式开机降温。苹果采收后最好能尽快入库，以便利用机械制冷使果温尽快降至0℃左右。果垛在库内的布局应有利于通风，垛与墙壁、地面、库顶都要留有空隙。

冷库的管理主要是温度的控制与湿度、通风的调节。温度的调节主要是通过制冷机的运行维持库内稳定适宜的低温，须有专人定期观测温度变化情况。湿度可用洒水或喷雾水来调节。苹果在后熟过程中要释放乙烯等气体，应定时通风换气。换气工作应选择外界与库内温度接近时进行，以免引起库温的剧烈波动。

冷库储藏的苹果出库时，应使果温逐渐上升至室温。否则果实表面会产生许多水珠，容易造成腐烂。另外，果实骤遇高温，色泽极易发暗，果肉易变软。

【课后巩固】

在蔬菜的保鲜方面，目前采用哪些方法进行运输中的保鲜？可查阅相关资料或实地调查，进行小组讨论。

【参考资料】

任务3 化学保鲜技术

【任务目标】

（1）认识化学保鲜技术。
（2）能解释化学保鲜技术特点。
（3）学会辨别食品是否添加食品添加剂。

【练习思考】

（1）化学保鲜与物理保鲜有什么区别？
（2）化学保鲜技术对人体有没有害处？

【参考答案】

【知识链接】

工业和科技的发展使得食品加工已由过去简单的冷、冻、干制、盐腌等几种初加工产品方式发展成适合现代生活方式的多种多样的深加工产品方式，其工艺更复杂，设备与包装更加现代和完善，对产品安全卫生要求也相应更高了。于是，一种新型的保鲜技术——化学保鲜便应运而生。

一、化学保鲜技术概述

> 化学保鲜技术就是在食物中加入对人体无害的化学物质，以延长保鲜时间、保持品质的一种保鲜方法。如盐腌、糖渍、酸渍及烟熏等。

二、化学保鲜技术的本质

化学保鲜技术的本质就是添加化学保鲜剂。使用化学保鲜剂最令人关注的问题就是卫生安全性。化学保鲜剂中有一些对人体无害或危害性较低的糖、盐、有机酸、酒精等，这些都是日常生活中的常用品。

1. 腌制保鲜的原理与应用范围

腌制通常是指用盐或盐溶液、糖或糖溶液对食品原料进行处理以增加风味、稳定颜色、改善结构、有利于保存的加工过程。腌制是主要应用于果蔬行业、水产行业、鲜肉类行业的保存方法。

2. 防腐剂保鲜的原理与应用范围

防腐剂是用于保持食品原有品质和营养价值的食品添加剂，它能抑制微生物的生长繁殖，防止食品腐败变质而延长保质期。防腐剂的防腐原理大致有以下 3 种：

（1）干扰微生物的酶系，破坏其正常的新陈代谢，抑制酶的活性。

（2）使微生物的蛋白质凝固和变性，干扰其生存和繁殖。

（3）改变细胞浆膜的渗透性，抑制其体内的酶类和代谢产物的排除，导致其失活。

由于防腐剂防止食品腐烂比较明显，效果比较好，被广泛应用于各行各业中，如鱼、肉、蛋、禽、果蔬、胶原蛋白肠衣、果冻、乳酸菌饮料、糕点、馅、面包、月饼等食品类都基本应用防腐剂保鲜技术进行保鲜。

> 保鲜剂的作用：
> （1）减少食品的水分散失。
> （2）防止食品氧化。
> （3）防止食品变色。
> （4）抑制生鲜食品表面微生物的生长。
> （5）保持食品的风味。
> （6）保持和增加食品（特别是水果）的硬度和脆度。
> （7）提高食品外观可接受性。
> （8）减少食品在储运过程中的机械损伤。

三、食品添加剂及其使用

食品添加剂是指为改善食品的品质和色香味及防腐和加工工艺的需要而加入食品中的天然的或化学合成物质。

1. 各类食品添加剂的定义

从广义上讲，能够抑制或杀灭微生物的化学物质都可以称之为防腐剂，它的作用原理是控制微生物的生理活动，使微生物发育减缓或停止。

彩色添加剂

杀菌剂就是能够有效地杀灭食品中微生物的化学物质,分为氧化型和还原型两大类。

抗氧化剂是防止或延缓食品氧化变质的一类物质。抗氧化剂种类很多,其机理也不尽相同,有的是消耗环境中的氧而保护其品质;有的是作为氢或电子供给体,阻断食品自动氧化的连锁反应;还有的是抑制氧化活性而达到抗氧化效果。

2. 各类食品添加剂作用机理

(1) 杀菌剂作用机理。氧化型杀菌(强氧化性能,如过氧化氢、次氯酸盐等);还原型杀菌(二氧化硫、亚硫酸盐等);其他(醇类等)。

(2) 抑菌剂作用机理:

① 有机酸及其盐类(山梨酸、苯甲酸、丙酸、亚硝酸盐)。

② 其他小分子有机物(肉桂酸、对羟基苯甲酸酯、香草酚等)。

③ 螯合剂。

④ 多肽类(抗菌肽、溶菌酶、鱼精蛋白)。

⑤ 抗生素类(那他霉素等)。

⑥ 多糖类(壳聚糖等)。

⑦ 天然植物提取物(百里香、迷迭香等)。

⑧ 乙烯氧化物(烷化剂)。

(3) 抗氧化剂和脱氧剂作用机理。

(4) 保鲜剂作用机理

① 针对微生物或调节食品(植物)的生理周期。

② 保鲜剂原料分为蛋白质、脂类化合物、多糖、树脂。

果蔬保鲜剂按其作用和使用方法可分为以下八类:

(1) 乙烯脱除剂。能抑制呼吸作用,防止后熟老化,包括物理吸附剂、氧化分解剂、触媒型脱除剂。

(2) 防腐保鲜剂。是利用化学或天然抗菌剂防止霉菌和其他污染菌滋生繁殖,防病防腐保鲜。

(3) 涂被保鲜剂。能抑制呼吸作用,减少水分散发,防止微生物入侵,包括蜡膜涂被剂、虫胶涂被剂、油质膜涂被剂、其他涂被剂。

(4) 气体发生剂。可催熟、着色、脱涩、防腐,包括二氧化硫发生剂、卤族气体发生剂、乙烯发生剂、乙醇蒸气发生剂。

(5) 气体调节剂。能产生气调效果,包括二氧化碳发生剂、脱氧剂、二氧化碳脱除剂。

(6) 生理活性调节剂。能调节果蔬的生理活性,包括抑芽丹、苄基腺嘌呤等。

(7) 湿度调节剂。调节湿度,包括蒸气抑制剂、脱水剂。

(8) 其他类保鲜剂。如烧明矾等。

四、化学保鲜的卫生与安全

（1）添加到食品中的化学制品在用量上受到限制。
（2）化学保藏的方法并不是全能的，它只能在一定时期内防止食品变质。
（3）化学保藏剂添加的时机需要掌握，时机不当就起不到预期的作用。

【技能训练】

【训练资料】
（1）课前准备一定数量的食物保鲜方法的案例（数量可根据分组情况而定）。
（2）准备活动记录表格资料。

【训练步骤】
1. 组织准备
（1）将全班同学按 6～8 人进行分组；选出小组长，小组长负责组织本小组成员参与活动。
（2）将训练资料按组数分成对应的份数。
（3）以抽签的方式安排各小组完成不同内容的任务。
2. 布置任务
（1）各小组组长分别组织本小组成员根据上述训练资料进行分组讨论，并做好相应的书面记录。
（2）各小组安排一名代表上台讲解展示本小组的工作成果，并上交相关资料。
3. 考核评价
对各小组的考核主要从以下 3 个方面来进行：
（1）各小组根据训练资料进行讨论后，讨论结果记录的正确性情况。评分比例占总成绩的 50% 左右。
（2）各小组讨论过程中及交叉评审过程中小组成员参与的积极性、团队合作、纪律性等情况。评分比例占总成绩的 30% 左右。
（3）小组代表陈述评审结果时的逻辑性、条理性等表达情况。评分比例占总成绩的 20% 左右。

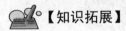【知识拓展】

被覆式蔬菜水果保鲜剂

通常情况下，蔬菜、水果在收获后还有一个成熟过程，常在短时间内即产生软化现象，降低风味，并发生腐烂变质现象。

一种用水溶性食物纤维被覆于蔬菜、水果表面的保鲜技术，即是被覆式蔬菜水果保鲜剂，实施简便、效果好。它有以下几大特点：

（1）不需要特殊的储藏设备即可轻而易举地达到长期保鲜的目的，在生产和流通领域都适用。
（2）由于被覆膜的作用，即使长期保存，组织内的水分也不会散发丢失，所以能有效地防止变色、变质。

(3) 所用的水溶性食物纤维为无色、无味、透明、低黏度、易溶解于水的物质，故被覆后的蔬菜、水果的原有品质丝毫不受影响。

(4) 蔬菜、水果的食物纤维几乎都是非水溶性食物纤维，而该保鲜剂使用的是水溶性食物纤维，因此能赋予蔬菜、水果具有水溶性食物纤维的机能。

该保鲜剂的水溶性食物纤维是从愈疮胶、刺槐豆胶中分解出来的低黏性高分子多糖类物质，既可以单独使用，也可以混合使用。

为便于使用，应将水溶性食物纤维溶解于水中，形成溶液。二者配合比例：水溶性食物纤维为1份时，水为2~50份；水量低于2份时，溶解性能差，被覆膜形成不均匀；水量50份以上时，得不到满意的保鲜效果。

实施时可将水溶性食物纤维水溶液对蔬菜、水果进行喷撒、涂敷、浸渍处理，然后风干或放置。保鲜对象没有限制，如茄子、西红柿、萝卜、青菜等蔬菜，苹果、桃、柑橘、菠萝、甜瓜等水果皆可用此保鲜剂。

【课后巩固】

在生活当中，哪些水果添加化学保鲜剂或防腐剂进行保鲜？添加的化学剂主要有哪些成分？对人体有没有害处？

任务4　有机果蔬保鲜技术

【任务目标】

（1）学会水果从采摘到入库过程的保鲜技术。
（2）能讲解不同水果的保鲜要求与技巧。

【练习思考】

（1）水果的保鲜通常有哪几种方法？
（2）水果的保鲜应注意哪些问题？

【参考答案】

【知识链接】

果蔬采收以后，来自根部的养分供给完全中断了，但果蔬自身仍然是一个有生命的有机体，继续进行一系列生理生化变化，如果蔬软化、氧化等。了解和认识果蔬的这些变化规律和它们对外界环境的要求，以便有效地控制和调节环境条件，达到保鲜保质、延长供应期的目的，才能获得最好的经济效益。

一、呼吸作用

采后果蔬的代谢活动主要是呼吸作用。在储藏期间，果蔬的呼吸作用消耗了果蔬组织中的糖类、酸类和其他有机物质。这种呼吸作用越强，果蔬的衰老越快。了解果蔬呼吸作用的目的，就是想办法采取措施，控制果蔬呼吸作用的进程，减缓储藏的营养物质的消耗，达到保鲜保质、延长储藏期的目的。

影响果蔬呼吸作用的因素很多，有环境的温度、相对湿度和气体成分，有果蔬的种类和品种特性、栽培条件、成熟度、机械损伤和病虫害等。

（1）环境温度。一般来说，在一定的温度范围内，每升高10℃，呼吸强度就增加1倍，如果降低温度，呼吸强度就大大减弱。果蔬呼吸强度越小，物质消耗也就越慢，储藏寿命便延长。

保鲜措施如下：

（1）尽可能维持较低的温度，将果蔬的呼吸作用抑制到最低限度。降低果蔬储藏温度可以减弱呼吸作用，延长储藏时间。但是，不是温度越低越好，低温都有一定的限度。

（2）在热带、亚热带生长的果蔬或原产这些地区的果蔬其最低温度要求高一些，在北方生长的果蔬其最低温度就低一些。

（3）在储藏中一定要选择最适宜的储藏温度。储藏温度要恒定，因为温度的起伏变化会促进呼吸作用，增加物质消耗。如果使用薄膜包装，则会增加袋内结露水，不利于果蔬的储藏保鲜。

（2）环境湿度。与湿润相比，轻微的干燥更可抑制呼吸作用。果蔬种类不同，反应也不一样。

例如，柑橘果实在相对湿度过高的情况下呼吸作用加强，从而使果皮组织的生命活动旺盛，造成水肿病（浮皮果），所以对这类果实在储藏前必须稍微进行风干。香蕉则不同，在相对湿度80%以下时，便不能进行正常的后熟作用。

（3）环境气体成分。大气一般含氧气21%、氮气78%、二氧化碳0.03%，以及其他一些微量气体。在环境气体成分中，二氧化碳和由果实释放出来的乙烯对果蔬的呼吸作用有重大的影响。适当降低储藏环境中的氧浓度和适当提高二氧化碳浓度，可以抑制果蔬的呼吸作用，从而延缓果蔬的后熟、衰老过程。另外，较低温度和低氧、高二氧化碳也会抑制果蔬乙烯的合成并抑制已有乙烯对果蔬的影响。

（4）机械损伤程度。果蔬在采收、分级、包装、运输和储藏过程中会遇到挤压、碰撞、刺扎等损伤。在这种情况下，果蔬的呼吸强度会增强，因而会大大缩短储藏寿命，加速果蔬的后熟和衰老。受机械损伤的果蔬，还容易受病菌侵染而引起腐烂。因此，在采收、分级、包装、运输和储藏过程中要避免果蔬受到机械损伤，这是长期储藏果蔬的重要前提。

（5）化学调节物质。化学调节物质主要是指植物激素类物质，包括乙烯、萘乙酸、脱落酸、青鲜素、矮壮素、B9等。植物激素、生长素和激动素对果蔬总的作用是抑制呼吸、延缓后熟。乙烯和脱落酸总的作用是促进呼吸、加速后熟。当然，由于浓度的不同和种类不同，各种植物激素的反应也是十分多样的。

二、蒸腾作用

生物体内所进行的一系列生理生化变化都是以水为介质，即在水存在的条件下进行的。采收后的果蔬切断了水源，但未中止水分蒸腾，新鲜的果蔬就会因此减少重量，造成直接的损失，而且还会使果蔬的光泽消失，出现皱缩，失去商品价值。

影响果蔬蒸腾作用的因素很多，有品种特性、成熟度、温度、相对湿度、风速和包装等。

（1）品种特性。不同品种的果皮组织的厚薄不一，果皮上所具有的角质层、果脂、皮孔的大小也都不同，因而具有不同的蒸腾特性。

（2）成熟度。总的来说，随着果蔬成熟度的提高，其蒸腾速度变小。这是因为随着果蔬的成熟，其果皮组织的生长发育逐渐完善，角质层、蜡层逐步形成，果蔬的蒸腾量就变小。但是，有些品种采收后，随着后熟的进展还有蒸腾速度加快的趋势，如木瓜和香蕉等。

（3）温度。果蔬的蒸腾作用与温度的高低密切相关。高温促进蒸腾，低温抑制蒸腾，这是储藏运输各个环节强调低温的重要原因之一。

（4）相对湿度。储藏环境的相对湿度是影响果蔬蒸腾作用的直接原因。在储藏中湿度的管理是一个十分重要的因素。储藏环境的相对湿度越大，果蔬中的水分越不容易蒸腾。因此，采用泼水、喷雾等方法保持库房较高的相对湿度可以抑制果蔬的蒸腾，以利保鲜。

（5）风速。蒸腾作用的水蒸气覆盖在果蔬表面形成蒸发面，可以降低蒸气压差，起到抑制蒸腾的作用。如果风吹散了水蒸气膜，就会促进蒸腾作用。

（6）包装。包装对于储藏、运输中果蔬的水分蒸发具有十分明显的影响。现在常用的瓦楞纸箱与木箱和筐相比，用纸箱包装的果实蒸发量小。若在纸箱内衬塑料薄膜，水分蒸发可以大大降低。果实包纸、装塑料薄膜袋、涂蜡、保鲜剂等都有防止或降低水分蒸发的作用。

三、实例教学：桃的保鲜技术

桃的成熟期早，是重要的夏令核果类水果，深受消费者喜爱。然而其耐储性差，鲜果供应期极短，因此，需要采取合理的储藏保鲜技术，才能有效延长供应期。

（一）采收

（1）要点。果实采摘期是影响储藏果实质量、品质和储藏寿命长短的最主要因素之一。若果实采摘过早，会降低后熟后的风味，且易受冷害；采摘过晚，则果实过于柔软，易受机械伤，加快腐烂，难以储藏。

（2）方法。桃应在果实生长充分，基本体现出某品种的色、香、味等品质，又能保持果实肉质紧密时适时采收。对远距离运输和储藏用的桃一般在七八成熟采收；近距离运输的一般八成熟采收。这样，经批发零售到消费者手中就可基本表现该品种的优良性状。而就地现销一般宜于九成熟采收。

（3）注意问题。采收应选择晴天上午露水干后，中午及带露水采收不利储藏。若遇下雨应推迟采收，中雨以上推迟一周。采收时应轻采轻放，防止机械伤，且不准用手压果面，应带果柄采收。在采收时可边采收边挑选，剔除伤果、病果、虫果及实干果。

(二)预冷

(1)要点。桃采收时,正值高温季节,采后的果实,在高温下时间越长,消耗越大,故应尽快进行预冷处理。

(2)方法。在田间采收时,可边采收边装箱,放至背阴处,不要让太阳直射,以便散去一部分田间热,然后运输至预冷间进行快速预冷。一般要求在2~3h内,最迟在24h内冷却到果实生理活性显著减弱的程度,以便延缓果实后熟过程。桃的预冷温度应严格控制在0.5℃,以免引起冷害。当温度降至0.5℃时,预冷结束,可进行封口码垛。

(三)储藏方法

(1)要点。桃对低温非常敏感,极易产生冷害,发生内部褐变使风味变淡或丧失,所以在储藏期间一定要严格控制温度,做好温度管理。桃的最适宜储藏温度是0~1℃,相对湿度是90%~95%。

(2)方法。为防止果实发生内部褐变,应采用定期间歇加温储藏,即将果实在0~1℃储藏两周,然后升温至18~20℃保持2天,再转入低温下储藏,如此反复进行至储藏结束。湿度和气体成分的控制可用聚乙烯或聚氯乙烯等塑料薄膜进行内包装,保持湿度,防止水分损失,而且由于果品本身的呼吸作用,在包装内形成高二氧化碳、低氧的自发气调环境。

(四)提高桃的耐储性措施

(1)选择晚熟耐储藏的品种,是做好储藏的关键。
(2)提高栽培技术,加强果园管理,及时除病灭菌。
(3)适时无伤带果柄采收,轻采轻拿轻放,以防损伤果实。
(4)外包装箱不宜过大,以防止机械损伤和挤压伤。
(5)要及时预冷。及时预冷可延长果实储藏期,并能有效防止结露。
(6)加强储藏期温度管理。将温度严格控制在(0.5±0.5)℃,防止库温波动,避免造成果实冷害。

（7）在库房内不同地方留出观察箱，定期观察，发现储藏效果不好时，应及时出售。

（8）出售前，应使果温缓慢回升，不要直接出库，以避免在果实表面出现结露。

四、其他果蔬保鲜技术

前面着重介绍了桃的储藏保鲜技术，其他果蔬的储藏保鲜简介见表4-1。

表4-1 其他果蔬保鲜技术简介

果蔬名称		冷藏温度/℃	相对湿度	保鲜技术要点
猕猴桃		0～0.5	90%～95%	（1）选择晚熟硬毛品种储藏； （2）硬熟期晴天无伤采收，运输装卸过程防止日晒、雨淋和机械损伤； （3）不能与苹果、梨、桃等水果同储一个库，以免猕猴桃催熟转软； （4）挑选健康果入储，及时预冷。
草莓		0～0.5	90%左右	（1）选择较耐储的坚肉品种储藏； （2）适时无伤带果柄和花萼采收，采摘时避免高温暴晒或露湿雨淋； （3）选择无病虫害、无机械伤、发育良好的草莓果入储。
柑橘	甜橙	3～5	85%左右	（1）适时无伤采收，严格挑选分级； （2）防腐保鲜剂处理； （3）堆放发汗预处理（7～10天）； （4）单果薄膜包装装箱（筐）； （5）保持储藏库内适宜温度和通风。
	蕉柑	6～9	85%～90%	
	红橘	10～12	80%～85%	
板栗		1～2	85%～90%	（1）选择耐储性好的北方中晚熟品种储藏； （2）晴天采收，采后及时摊凉，除去部分水分； （3）严格挑选、分级，选择无病虫害和发育良好的果实入储； （4）入储后第一个月易霉烂，应注意检查。
番茄		绿熟期为11～13 成熟期为0～2	80%～90%	（1）选择耐储性好的晚熟品种； （2）采收前3天不能灌水，遇雨推迟两三天采收，采前喷过乙烯的果实不能储藏； （3）应在晴天采收，运输和装卸过程中避免日晒、雨淋和机械损伤； （4）选择果皮厚、中腔小、子室小、果肉紧密、干物质含量高、中等大小的果实储藏； （5）采后尽快处理，及时预冷。

续表

果蔬名称	冷藏温度/℃	相对湿度	保鲜技术要点
大白菜	0	85%～90%	（1）选择色深叶厚的晚熟品种储藏； （2）适时采收，在冬至后晴天八成熟采收，采收时要留有3～4cm的短根； （3）采收后注意适当晾晒，使外叶失去部分水分至折不断； （4）晾晒后需摘除黄烂叶，尽量保留健康外叶； （5）采收、运输过程中防止雨淋和机械损伤。

【技能训练】

【训练资料】

课前每一位同学准备一种水果，根据自己选用的保鲜技术准备所需保鲜用具。

【训练步骤】

1. 组织准备

（1）在教师的指导下，选1名学生担任组长，由组长担任管理工作。安排1名学生担任活动的记录员。

（2）组长负责管理班上学生在水果保鲜活动过程中的所有工作，包括突发事件的处理。

2. 布置任务

（1）课前各位学生分别根据自己准备的材料进行水果保鲜试验，并做好相应的书面记录（时间为3天）。

（2）组长管理现场工作；记录员要做好记录登记。

（3）课堂上，教师抽查其中部分的学生上台讲解展示在保鲜活动中的工作成果，相互交流保鲜过程中的所见所得。上交个人资料。

3. 考核评价

对个人成绩的考核主要从以下三方面来进行：

（1）根据训练资料进行操作后，操作结果记录的正确性情况。评分比例占总成绩的10%左右。

（2）水果在3天后的保鲜程度。评分比例占总成绩的20%左右。

（3）选用的保鲜技术的运用程度。评分比例占总成绩的20%左右。

（4）学生参与的积极性、团队合作、纪律性等情况。评分比例占总成绩的30%左右。

（5）陈述结果时的逻辑性、条理性等表达情况。评分比例占总成绩的20%左右。

输企业承运，其他单位和个人不得承运。托运人应当委托依法取得危险货物水路运输许可的水路运输企业承运，不得委托其他单位和个人承运。

第五十七条 通过内河运输危险化学品，应当使用依法取得危险货物适装证书的运输船舶。水路运输企业应当针对所运输的危险化学品的危险特性，制订运输船舶危险化学品事故应急救援预案，并为运输船舶配备充足、有效的应急救援器材和设备。

通过内河运输危险化学品的船舶，其所有人或者经营人应当取得船舶污染损害责任保险证书或者财务担保证明。船舶污染损害责任保险证书或者财务担保证明的副本应当随船携带。

第五十八条 通过内河运输危险化学品，危险化学品包装物的材质、形式、强度及包装方法应当符合水路运输危险化学品包装规范的要求。国务院交通运输主管部门对单船运输的危险化学品数量有限制性规定的，承运人应当按照规定安排运输数量。

第五十九条 用于危险化学品运输作业的内河码头、泊位应当符合国家有关安全规范，与饮用水取水口保持国家规定的距离。有关管理单位应当制订码头、泊位危险化学品事故应急预案，并为码头、泊位配备充足、有效的应急救援器材和设备。

用于危险化学品运输作业的内河码头、泊位，经交通运输主管部门按照国家有关规定验收合格后方可投入使用。

第六十条 船舶载运危险化学品进出内河港口，应当将危险化学品的名称、危险特性、包装及进出港时间等事项，事先报告海事管理机构。海事管理机构接到报告后，应当在国务院交通运输主管部门规定的时间内做出是否同意的决定，通知报告人，同时通报港口行政管理部门。定船舶、定航线、定货种的船舶可以定期报告。

在内河港口内进行危险化学品的装卸、过驳作业，应当将危险化学品的名称、危险特性、包装和作业的时间、地点等事项报告港口行政管理部门。港口行政管理部门接到报告后，应当在国务院交通运输主管部门规定的时间内做出是否同意的决定，通知报告人，同时通报海事管理机构。

载运危险化学品的船舶在内河航行，通过过船建筑物的，应当提前向交通运输主管部门申报，并接受交通运输主管部门的管理。

第六十一条 载运危险化学品的船舶在内河航行、装卸或者停泊，应当悬挂专用的警示标志，按照规定显示专用信号。

载运危险化学品的船舶在内河航行，按照国务院交通运输主管部门的规定需要引航的，应当申请引航。

第六十二条 载运危险化学品的船舶在内河航行，应当遵守法律、行政法规和国家其他有关饮用水水源保护的规定。内河航道发展规划应当与依法经批准的饮用水水源保护区划定方案相协调。

第六十三条 托运危险化学品的，托运人应当向承运人说明所托运的危险化学品的种类、数量、危险特性及发生危险情况的应急处置措施，并按照国家有关规定对所托运的危险化学品妥善包装，在外包装上设置相应的标志。

运输危险化学品需要添加抑制剂或者稳定剂的，托运人应当添加，并将有关情况告知承运人。

第六十四条 托运人不得在托运的普通货物中夹带危险化学品，不得将危险化学品匿报或者谎报为普通货物托运。

任何单位和个人不得交寄危险化学品或者在邮件、快件内夹带危险化学品，不得将危险化学品匿报或者谎报为普通物品交寄。邮政企业、快递企业不得收寄危险化学品。

对涉嫌违反本条第一款、第二款规定的，交通运输主管部门、邮政管理部门可以依法开拆查验。

第六十五条　通过铁路、航空运输危险化学品的安全管理，依照有关铁路、航空运输的法律、行政法规、规章的规定执行。

🔍【课后巩固】

（1）汽油如何进行运输？

（2）运输汽油的车辆有没有特殊规定？

项目 7

消防安全管理

【学习目标】

知识目标	学会日常生活中消防设备的使用方法 了解日常生活中防止火灾的措施 了解灭火的基本方法和步骤
技能目标	能消除仓库安全隐患，杜绝仓库火灾的发生 能根据不同火灾种类配置合适的消防设备 能运用发生火灾后逃生或求生的方法
职业能力目标	树立警惕安全隐患、确保自身安全的意识 培养学生火灾现场逃生与自救的能力

任务 1 仓库安全隐患排查

 【任务目标】

（1）能说出仓库常见安全隐患的类型。
（2）学会排查仓库安全隐患。
（3）能及时消除仓库安全隐患。

 【练习思考】

（1）某年 11 月 15 日下午 2 时 15 分，上海一幢公寓大楼发生严重火灾，58 人死亡、71 人受伤。起火原因：公寓大楼节能综合改造项目施工过程中，施工人员违规在 10 层电梯前室北窗外进行电焊作业，电焊溅落的金属熔融物引燃下方 9 层位置脚手架防护平台上堆积的聚氨酯保温材料碎块、碎屑，引发火灾。

处理结果：对 54 名事故责任人做出严肃处理，其中 26 名责任人被移送司法机关依法追究刑事责任，28 名责任人受到党纪、政纪处分。

（2）某年 7 月 22 日凌晨四点，京珠高速从北向南 948km 处，河南信阳明港附近一辆 35 座大客车发生燃烧，41 人死亡、6 人受伤。

起火原因：事故车上非法携带、运输的易燃化工产品引发大火。

在日常生活中，为什么火灾频频发生？

【知识链接】

一、仓库安全隐患概述

仓库储存过程的安全隐患排查、整改工作，是为规范仓库安全作业管理，保证物料及公司财物安全。

仓库安全隐患一般有：不安全的环境，不安全的动作；摆放方法错误，超量存放；警戒与防护不当。

（一）不安全环境因素

【练一练】

请指出以下图片哪些是属于不安全环境因素造成的安全隐患。

危险品乱堆乱放　　　设备老化、堵塞走火通道　　　电线乱拉乱接

【参考答案】

不安全环境因素类别

（1）由于管理人员知识上的缺乏性造成的不安全环境因素，如危险品与易燃品、腐蚀品乱堆乱放。

（2）由于仓库设施设备老化所致，如电线老化、设备老化等现象。

（3）由于管理人员素质不高引起的，如仓库管理人员吸烟行为，堵塞走火通道等。

（二）货物摆放方法错误、超量存放因素

【练一练】

请指出以下图片哪些是属于货物摆放方法错误、超量存放因素造成的安全隐患。

货物乱堆乱放　　　货架超高现象　　　货物码垛错误

【参考答案】

货物摆放方法错误、超量存放因素类别

（1）货物乱摆放位置，导致物品错综复杂。
（2）货物码垛过程中选用方法错误，导致货物出现不同程度倾斜。
（3）货架超量超高堆放。

（三）人员警戒与防护不当因素

【练一练】

请指出以下哪些图片是属于人员警戒与防护不当因素造成的安全隐患。

电线乱拉乱接　　　　　　　高空作业　　　　　　　仓库雷击现象

人员警戒与防护不当因素类别

（1）人员警戒性不高引起安全隐患因素有雷击、潮湿、用电安全、在机械设备危险地带工作等。
（2）人员防护不当引起安全隐患因素有高空作业、人员不按照规章制度操作等。

二、仓库安全隐患的排查方法

（1）排查电线是否老化，有没有乱拉乱接现象。
（2）排查设备是否老化，有没有做好日常保养。
（3）排查货物是否乱堆乱放，是否与易燃物品堆放一起。
（4）排查是否产生明火，严禁烟火。
（5）排查仓库作业是否严格按照操作规范进行。

三、仓库安全隐患的排查指导作业书

仓库安全隐患的排查指导作业书见表 7-1。

表 7-1 仓库安全隐患的排查指导作业书

排查项目	排查内容	排查量化内容	排查时间要求	过程指导
消防配置	消防设施配置的检查	消防栓、水池、消防泵、灭火器等内容	每月检查一次	检查消防设施设备是否过期、是否可用、气压是否充足等内容
防火检查	仓库设备老化、物品物资防火检查	检查电线、电源、易燃易爆类物资、照明设备等	每月检查一次	检查电线、电源是否存在老化现象；检查易燃易爆类物资是否存在乱堆乱放、包装是否破损等内容
排查过程注意事项				
（1）从电器设备、器械、存储、火种管理四方面进行检查，确认火灾隐患； （2）每月进行一次大检查，包括消防设施和消防器材，发现问题及时修理、更换； （3）清除消防通道、行走通道、楼梯上的物件，确保通道顺畅； （4）清理因作业产生的易燃易爆物品； （5）禁止任何人员携带火种进入仓库； （6）定期进行消防安全演习				

【参考视频】

四、仓库安全隐患的消除

（1）针对检查结果，仓库管理员提出相关的整改意见供仓库主管及时整改。

（2）定期全面检查仓库隐患清除状况，确保责任落实情况。（仓库主管负责）

（3）突击检查员工的操作规范，建立考核制度，严格要求员工遵守操作规范。（仓库主管负责）

仓库安全隐患项目整改意见见表 7-2。

表 7-2 仓库安全隐患项目整改意见

仓库安全隐患项目	存在的问题	整改意见	责任部门或责任人
仓库电线情况	线路老化	建议更换电线，做好线路排查工作	后勤部门或电工
	电线乱拉乱接	建议恢复原状，不得乱拉乱接，有需要接线时，要求电工做好线路连接工作，建议禁止仓库任何人员私下乱拉乱接线路	仓库主管

续表

仓库安全隐患项目	存在的问题	整改意见	责任部门或责任人
仓库设备使用情况	仓库设备老化	建议仓库设备管理员定时清查设备老化情况,做好日常保养工作,必要时更换设备	仓库设备管理员
	仓库设备操作不符合要求	建议暂停设备操作,进行操作规范教育,必要时进行停工学习	仓库主管
仓库通道使用情况	堵塞仓库过道或仓库通道	建议清除货物,整顿仓库货物存放位置,务必保证仓库过道通畅无阻	仓管员
仓库消防设备情况	消防设备过期或老化	建议做好更换工作	安保部门或保安人员
仓库人员素质情况	仓库内使用明火或吸烟行为	建议停工处理,进行教育,建议仓库主管整顿仓库人员,定期组织员工进行培训	仓库主管

【技能训练】

【训练资料】

(1)模拟仓库一间(如无模拟仓库,可选择学校图书馆、储物间替代)。
(2)仓库安全隐患排查记录表格资料(见附表1)。

附表1 安全隐患排查记录表(实训管理)

时间		参加人员		记录人	
	项目	存在隐患			整改情况
实训管理	制度制订				
	制度落实				
	规范操作				
	防护设施				
	用电安全				
	管路接头				
	仓储管理				
	危险物品存放使用				
	废弃物品处理				
	高空作业				
备注					

【训练步骤】

1. 组织准备

（1）将全班同学按6~8人进行分组；选出小组长，小组长负责组织本小组成员参与活动。

（2）将仓库安全排查记录表格资料按组数分成对应的份数。

2. 布置任务

（1）下达任务书。在规定的时间内，各小组完成仓库的安全排查工作，并填写仓库安全隐患排查记录表。

（2）各小组安排一名代表上台讲解本小组的完成与分工情况，并上交相关资料。

3. 考核评价

（1）教师根据各个小组的表现针对讲解内容的精彩性、正确性、完整性等内容进行评分与点评。评分比例占总成绩的30%左右。

（2）教师在点评内容的同时，对各个小组队员之间的团队合作、演讲组织能力等内容进行评分与指导。评分比例占总成绩的30%左右。

（3）教师根据各小组对仓库安全排查的可行性和效率性进行点评与评分。评分比例占总成绩的30%左右。

（4）开展学生自评项目。评分比例占总成绩的10%左右。

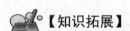
【知识拓展】

如何预防家庭火灾安全隐患

生活在幸福、温暖的家庭里，受到父母和家人的关心、爱护，似乎并不存在什么危险。但是，家庭生活中仍然有许多事情需要倍加注意和小心对待，否则很容易发生危险，酿成事故。家庭生活中也有安全问题。

(1) 90%家庭成人在烹饪时会中途走开，60%经常走开。

正确做法：不要随意离开厨房，用完燃气关闭总开关。

(2) 70%家庭中没有烟雾报警器，23%从未听说。

正确做法：有条件家庭应尝试安装，并定期检查电池。

(3) 60%家庭从未规划过火灾以外的逃生路线，32%从未听说。

正确做法：每个房间至少规划两条逃生路线，定期演练，并约定逃离后集合地点。

(4) 40%家庭电话旁没有紧急联系电话，28%家庭从未听说。

正确做法：全家一起制作119报警卡，并写清详细家庭住址。

(5) 40%家庭灭火器放在厨房等火灾"危险地"，32%家庭不知该放哪里。

正确做法：放在卧室易取。

(6) 31%家庭取暖器临睡前不断电，21%总是如此。

正确做法：临睡前关闭电源或设置自动关闭时间。

(7) 30%家庭接线板像"章鱼"，插头"无孔不入"，15%总是如此。

正确做法：电插座上插头不宜超过3个。

(8) 30%瓶装标签与内置物不一致，7%家庭总是如此。

正确做法：经常检查，保持一致。

(9) 30%家庭床边放打火机、烟缸，14%家庭总是如此。

正确做法：易燃物远离卧室，尤其床边。

(10) 30%家庭厨房大功率电器接在接线板上，12%总是如此。

正确做法：微波炉、烤箱等大功率电器配置专用插座。

【课后巩固】

根据上述所学内容，选择市场上任何类型仓库进行一次火灾安全排查工作，并填写《安全排查记录表》(见附表2)。

附表2 安全隐患排查记录表（仓库管理）

时间		参加人员		排查企业	
	项目	存在隐患			整改情况
实训管理	制度制订				
	制度落实				
	规范操作				
	防护设施				
	用电安全				
	管路接头				
	仓储管理				
	危险物品存放使用				
	废弃物品处理				
	人员安全管理				
备注					

任务2 消防安全管理常识

【任务目标】

（1）能辨识仓库火灾的类别。

（2）能根据不同火灾种类配置相应的消防设备。

（3）会使用日常生活中的消防设备。

【练习思考】

在日常生活中火灾的种类很多,如特大火灾、爆炸火灾、中毒火灾、重大火灾等。请根据火灾案例特点,指出归纳分析火灾分类的依据有哪些。

【参考答案】

【知识链接】

一、火灾的定义

火的存在,先于人类。距今约 1.8 万年,北京周口店的山顶洞人就学会了人工取火。火产生光、热,早期用于照明、驱赶野兽、取暖、烧煮食物、烧制陶器、冶炼金属。火给人类带来光明和文明。今天人类仍离不开火,但每年都会因火灾造成重大经济损失和人员伤亡。

> 火灾是指在时间上和空间上失去控制的燃烧造成的灾害。

二、火灾的分类

【练一练】

请指出以下火灾是属于哪一种类型的火灾?
(1) 某液化石油气管道爆炸并殃及客车。
(2) 某棉花加工厂发生特大火灾重大责任事故。
(3) 某环翠化塑制品厂火灾重大责任事故。
(4) 某有机过氧化物厂失火。

【参考答案】

(一)按物质燃烧特性分类

火灾依据物质燃烧特性,可划分为 A、B、C、D、E 这五类。

A 类火灾:指固体物质火灾。这种物质往往具有有机物质性质,一般在燃烧时产生灼热的余烬，如木材、煤、棉、毛、麻、纸张等火灾。

B 类火灾：指液体火灾和可熔化的固体物质火灾，如汽油、煤油、柴油、原油、甲醇、乙醇、沥青、石蜡等火灾。

C 类火灾：指气体火灾，如煤气、天然气、甲烷、乙烷、丙烷、氢气等火灾。

D 类火灾：指金属火灾，如钾、钠、镁、铝镁合金等火灾。

E 类火灾：指带电物体和精密仪器等物质的火灾。

（1）按照相关规定划分
- A 类火灾：固体物质火灾
- B 类火灾：液体火灾和可熔化的固体火灾
- C 类火灾：气体火灾
- D 类火灾：金属及其化合物火灾
- E 类火灾：带电物体和精密仪器火灾

（2）按照燃烧物品的种类划分
- 气体火灾
- 油品火灾：易燃、可燃液体
- 可燃物火灾：固体状态的各类可燃物
- 金属火灾：如钾、钠、镁等
- 电气火灾
- 过剩氧火灾

（二）按火灾等级分类

【参考资料】

根据《生产安全事故报告和调查处理条例》规定的生产安全事故等级标准，火灾可分为特别重大、重大、较大和一般火灾。

（1）特别重大火灾。是指造成 30 人以上死亡，或者 100 人以上重伤，或者 1 亿元以上直接财产损失的火灾。

（2）重大火灾。是指造成 10 人以上 30 人以下死亡，或者 50 人以上 100 人以下重伤，或者 5 000 万元以上 1 亿元以下直接财产损失的火灾。

（3）较大火灾。是指造成 3 人以上 10 人以下死亡，或者 10 人以上 50 人以下重伤，或者 1 000 万元以上 5 000 万元以下直接财产损失的火灾。

（4）一般火灾。是指造成 3 人以下死亡，或者 10 人以下重伤，或者 1 000 万元以下直接财产损失的火灾。

三、根据不同火灾种类配置相应的消防设备

（一）A 类火灾

A 类火灾燃烧面积大，辐射热强，蔓延速度快，特别是由于风力和热气流的作用所形成的飞火，会造成多点燃烧，扩大燃烧范围。由于瞬间燃烧中爆炸产生的冲击波造成建筑变形或倒塌，生产、生产设施遭到破坏，人员或重要物资受到威胁，因而需要组织抢救和疏散。这类火灾灭火用水量大，火场范围大，参战人员多。

应配置的消防设备：扑救这类火灾的主要灭火剂是水，但为防止突然发生的易燃、可燃液体或气体火灾，要适当地调集部分泡沫、干粉车作为备用。

（二）B类火灾

B类火灾燃烧速度快、燃烧猛烈、温度高、辐射热强、爆炸威力大、易流散。重质油品在燃烧时，会发生沸溢和喷溅，易造成人员伤亡，给扑救带来困难。

应配置的消防设备：扑救易燃和可燃液体火灾的有效设备是泡沫、干粉灭火器。

（三）C类火灾

C类火灾的火源物质平时都处于气、液状态，一旦失控易和空气形成爆炸性混合气体，遇明火即发生爆炸，其燃烧速度快，火势发展猛烈，生产设施易受到破坏并导致可燃气体源大量泄漏、扩散，引起连锁反应和中毒事故，易发生上下均同时燃烧的立体火灾，在气源处出现较稳定的火炬形燃烧。

应配置的消防设备：碳酸氢钠灭火剂、磷酸铵盐灭火剂、二氧化碳灭火器、卤代烷型灭火器等。

（四）D类火灾

D类火灾是一种比较特殊且非常见性的金属物质燃烧火灾，扑灭难度相当大。由于此类物质极易吸收空气中的氧气和水分子，从而产生氧化可燃类气体，进而剧烈燃烧、爆炸。

应配置的消防设备：由于此类物质的特性，非专业灭火器无法将其扑灭，必须采用专业的D类灭火剂、D型灭火器进行有效扑灭。切忌用水施救,避免发生更大的爆炸性灾难;可用沙土将其隔离覆盖,让其自行燃烧殆尽,防止灾害进一步扩大。

(五) E类火灾

从灭火角度而言,电气火灾有两个明显特点:一是着火的电气设备可能带电,扑灭火灾时,若不留意,可能发生触电事故;二是有些电气设备充有大量的油,如电力变压器、油断路器、电动机启动装置等,发生火灾时,可能发生喷油甚至爆炸,造成火势蔓延,扩大火灾范围。因此,电气火灾必须根据其特点,采取适当措施进行扑救。

应配置的消防设备:二氧化碳、四氧化碳、二氟一氯一溴甲烷、二氟二溴甲烷或干粉灭火器的灭火剂。

【练一练】

用连线的方法,请针对以下火灾种类找出合适的消防设施设备进行配置。

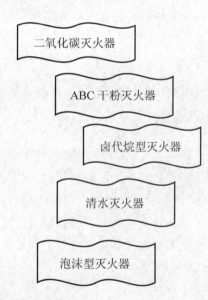

【参考答案】

四、常见消防设施设备的使用方法

（一）灭火的基本方法

（1）冷却灭火。冷却至燃点、闪点以下，如水大量的吸收热量达到降温效果。
（2）窒息灭火。降低氧浓度，如二氧化碳、水蒸气。
（3）隔离灭火。将可燃物与氧、热和火焰隔离，如关闭液化气阀门、泡沫灭火。
（4）化学抑制灭火。抑制自由基的产生，如干粉灭火器。

（二）灭火工具的选择

1. 泡沫灭火器

泡沫灭火器的灭火作用：在燃烧物表面形成泡沫覆盖层，使燃烧物表面与空气隔绝，起到窒息灭火的作用。由于泡沫层能阻止燃烧区的热量作用于燃烧物质的表面，所以可防止可燃物本身和附近可燃物的蒸发。泡沫析出的水对燃烧物表面进行冷却，泡沫受热蒸发产生的水蒸气可以降低燃烧物附近的氧的浓度。

2. 干粉灭火器

干粉灭火器的灭火作用：一是消除燃烧物产生的活性游离子，使燃烧的连锁反应中断；二是干粉遇到高温分解时吸收大量的热，并放出蒸气和二氧化碳，达到冷却和稀释燃烧区空气中氧的作用。

3. 二氧化碳灭火器

二氧化碳灭火器的灭火作用：当燃烧区二氧化碳在空气的含量达到 30%～50% 时，能使燃烧熄灭，主要起窒息作用；同时二氧化碳在喷射灭火过程中吸收一定的热能，也有一定的冷却作用。

4. 1211 灭火器

1211 灭火器利用装在筒内的氮气压力将 1211 灭火剂喷射出灭火，它属于储压式一类。1211 是二氟一氯一溴甲烷的代号，它是我国目前生产和使用最广的一种卤代烷灭火剂，以液态罐装在钢瓶内。1211 灭火剂是一种低沸点的液化气体，具有灭火效率高、毒性低、腐蚀性小、久储不变质、灭火后不留痕迹、不污染被保护物、绝缘性能好等优点。

1211 灭火器的灭火作用主要是抑制燃烧的连锁反应，中止燃烧，同时兼有一定的冷却和窒息作用。

（三）常见灭火器的使用方法

4 个字：拔、握、瞄、扫

拔——拔出保险销。

握——握住瓶体。

瞄——喷嘴瞄准火源根部。

扫——左右扫射，将火扑灭。

(2) 箱内储存不能过多过挤，要有冷气对流空隙。

(3) 热的食物要放凉后才能放入箱内，否则会影响其他食品的品味，且会增大耗电量。

(4) 冰淇淋、鱼等动物脂类食品应储放在冷冻室（器）内，不要放在门搁架和近门口部位，因为该处温度较高。

(5) 冷冻室（器）内不能储放啤酒、橘子汁等液体饮料，否则会因冻结而爆裂。

6. 其他

(1) 冰箱在搬运、放置过程中倾斜角切勿超45°。

(2) 冰箱应选择远离热源、避免阳光直射、通风较好、较干燥的地方安放。

(3) 适当调整底角螺钉或衬垫，使冰箱保持水平，其噪声最低。

(4) 应使用单独的单相带接地的插座。插线必须接地，使用中冰箱的金属部件有麻电感觉时应停止使用。

(5) 新购置的冰箱在使用一段时间后，就应进行内部清洗，否则会给食物带来不良影响（用温水、少许洗涤剂洗后，用清水擦净）。应经常清洗、清扫压缩机和冷凝器，以保证良好的换热效果以及节能效果。清洗时，应取下电源插头。

(6) 应经常保持冷藏室冷凝水排出口的通畅。

(7) 冰箱内严禁存放易燃、易爆、强酸、强碱类物品。

(8) 不是自动除霜的冰箱，要定期除霜，这可保持良好的制冷效果和省电。

(9) 节电的一些经验：冰箱应远离热源；压缩机要保持通风良好。

7. 正确选择温控器位置

食物温度高于室温时应先冷却到室温再放进去；食物宜用塑料袋包好或盖好，以防水分散失、结霜；尽量减少开门次数与缩短开门的时间；在冷冻室一次放入新鲜食品，不要超过规定的数量；停电时尽量不开门、少开门；可在冷藏室融化冷冻食物。

【课后巩固】

（1）查找相关的食品冷冻要求，观察市面上的冷冻食品是否符合要求。

（2）总结测试冷冻食品是否有不符合要求的储存规律。

任务3 冷藏运输的现状分析

【任务目标】

（1）能概括冷藏运输的意义与作用。

（2）能区分冷藏运输设备的类别。

（3）学会根据货物特性运用冷藏运输设备。

（4）能描述冷藏运输的注意事项。

【练习思考】

大部分食品冻结时，或多或少会有水分从细胞内向细胞或纤维间的间隙内转移，为此，如何保存食物本身的水分不流失是运输过程要解决的问题。若处理不当，极易出现严重的食品汁液流失。在运输过程中,以上的问题是最难解决的。

【参考答案】

请说明解决以上问题要用到哪些设备?用这些设备的原因是什么?

【知识链接】

一、冷藏运输概述

冷藏运输指将易腐食品在低温下从一个地方完好地输送到另一个地方的专门技术,是冷藏链中必不可少的一个环节,由冷藏运输设备来完成。

【练一练】

请根据生活常识,初步判断以下设备工具能否进行冷藏运输。

【参考答案】

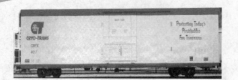

二、冷藏运输设备类别

冷藏运输设备指本身能形成并维持一定的低温环境,并能运输低温食品的设施及装置。冷藏柜是冷藏链中最后一个环节。

根据运输方式可划分为陆上冷藏运输、水上冷藏运输和空中冷藏运输。前两种方式的运输设备如下文所述。

(一)陆上冷藏运输设备

1. 卡车式冷藏运输设备

这里的卡车一般是指一体式的卡车,其制冷箱体是固定在底盘上的,也可以是多功能面包车,车厢后部与驾驶室分开并且进行绝热处理以保持货物温度,如图5.6(a)所示。卡车式冷藏运输设备主要适用于短途、中低温保存、货量比较少的货物运输。

2. 拖车式冷藏运输设备

拖头牵引的制冷拖车是另外一种运输设备,如图5.6(b)所示。与安装在卡车上的独立式机组相比,安装在拖车车厢上的拖车机组尺寸更大,适应于需要更大制冷量的拖车厢体。拖车式冷藏运输设备主要适用于中短途、中低温保存、货量比较大的货物运输。

3. 铁路冷藏车厢

铁路冷藏火车车厢一般采用集成的自带动力制冷机组。其送风系统和拖车的送风系统类似,制冷系统将冷空气送到车厢的顶部,冷空气流经货物,从车厢底部返回。与集装箱类似,只要货物的堆放合理,满足气流布局要求,一般都可以长距离运输。它通常用来运输不易腐蚀的货物,如柑橘、洋葱和胡萝卜等。铁路冷藏车厢如图5.6(c)所示。

(a)

(b)   (c)

图5.6 陆上冷藏运输设备

(二)水上冷藏运输设备

1. 冷藏集装箱

冷藏集装箱依靠电力驱动压缩机,其电力由船上的发电机或者便携式发电机提供。当集装箱到达码头之后，被转运到底盘上，这些底盘一般都会装有发电机组，即前文提到的发电机组。装在底盘上的冷藏集装箱就可以像拖车一样，由拖头牵引，在陆路继续运输。它主要适用于长距离、不易霉腐、中低温保存、货物量比较大的货物运输，如图5.7（a）所示。

2. 冷藏船

冷藏船的货舱为冷藏舱，常隔成若干个舱室。每个舱室是一个独立的封闭的装货空间。舱壁、舱门均为气密，并覆盖有泡沫塑料、铝板聚合物等隔热材料，使相邻舱室互不导热，以满足不同货物对温度的不同要求。它主要适用于长距离、比较容易发生串味、中低温保存、货物量比较大的货物运输。冷藏船如图5.7（b）所示。

（a） （b）

图5.7 水上冷藏运输设备

三、冷藏运输的意义和作用

（一）冷藏运输的意义

冷藏运输在整个运输过程中，通过低温降低食品及微生物的新陈代谢，以保持食品的鲜度、味觉和营养价值。

冷藏运输的对象主要是易腐食品，但除此之外，像某些毛皮、丝绸等货物（在特殊条件下，为了防虫）以及有些药品（为了防止危险和变质），也需要采用冷藏运输。

（二）冷藏运输的作用

（1）冷藏运输的食品，大多是供应城市和工矿区的具有高度营养价值的新鲜水果、蔬菜、肉类、鱼类和蛋类等，因此，冷藏运输对维护人民健康，增强人民体质具有一定作用。

（2）冷藏食品消费量的多少，是衡量人民生活水平提高的重要标志之一。在我国，只有少数食品是通过冷藏运输到达消费者手中的。改革开放后，由于国民经济的不断发展，冷藏食品的生产量和消费量不断增加，这些冷藏食品大部分都是通过冷藏运输才到达人们手中的，所以冷藏运输在满足人们日益增长的生活需要方面，越来越显示它的重要性。

（3）冷藏食品的大量生产推动了冷藏运输的发展，而冷藏运输的发展，反过来又会促进冷藏食品的生产。

（4）随着冷藏运输的发展，我国对外贸易中冷藏食品的出口数量也逐年增长。冷藏食品的出口增加了外汇收入。

（5）改革开放后，由于城市人民生活的日益提高，过去少有问津的进口水产（如金枪鱼、三文鱼）、进口果蔬产品（如奇异果等洋水果）也进入了人们的口中，这就使冷藏食品的进口也日益增加。

四、冷藏运输的需求

（一）不同种类冷藏运输的需求量

1. 公路运输

公路运输是目前冷藏运输中最普遍的重要方式。公路依靠其快捷、灵活、方便等特点，很快适应了易腐货物运输市场。虽然公路冷藏运输特点显著，但是它的一次性运输量不大，因此，对大量冷冻食品的长距离冷藏运输，一般都采用了铁路运输。

2. 铁路运输

目前铁路冷藏运输有加冰冷藏车、成组机械冷藏车、冷板车及冷藏集装箱。

（1）加冰冷藏车在铁路冷藏运输发展的过程中立下了汗马功劳，但因其对车体及线路腐蚀严重，运输蔬菜、水果等易腐货物时温度可调性差，易丢失，不便管理，且中途需加冰作业，周转时间长，送达速度慢等缺点，目前使用受到限制。

（2）成组机械冷藏车具有温度可调性好，通用性强，运输质量好，便于管理，途中作业简单，送达速度快及适宜远距离运送等优点，在国外，单节机械冷藏车已经得到广泛的运用。

（3）冷板车具有结构简单、制冷费用低、节约能源、无盐水腐蚀及恒温性好等优点，但存在着自重大、调温困难、抗震性差、长途运输需要中途加冷、成组运用灵活性差等缺点。

（4）冷藏集装箱是发展铁路冷藏运输的长远目标，它以机械制冷为主，由计算机控制，具有温度、湿度自动控制和气调功能，并可以通过卫星进行全程监控，提高运输效率和货运质量。

3. 集装箱运输

目前，常规的冷藏货物运输舱已大部分被冷藏集装箱取代。冷藏集装箱一律采用机械制冷，隔热保温要求严格，能在一定的时间适度地保护预冷货物而不用制冷。但对任何长时间暴露在大气温度下的集装箱，则设有快接式制冷机组，由内燃机驱动或采用液氮制冷。

4. 航空运输

航空运输主要以高速为优势，但运价较高，目前只局限于少量的、高价的货物，如鲜花等。

（二）不同货物对于冷藏运输的要求

由于食品的组织结构等方面的不同，不同食品都有一定的储藏温、湿度条件的要求。几种易腐食品的运输条件见表 5-2。在冷藏运输中应满足食品储藏条件的要求，并保持其稳定性。

表 5-2 不同易腐食品的运输条件

货　名	运输温度/℃	相对湿度	货　名	运输温度/℃	相对湿度
冻结牛肉	-11.1～-9.4	90%～95%	苹果	-0.6～0	85%～88%
冻蛋	-12.2～-9.4	60%	柑	3.9～4.4	85%
鲜肉	0～1.1	75%～85%	白菜	0～1.1	90%～95%
猪油	0.6～4.4		香蕉	11.6～12.7	75%
干鱼	4.4～10		干果	0～10	70%～75%

在冷藏运输过程中，必须控制载体内部的环境，使车内的环境尽量与所运输的食品的最佳要求一致，载体内部各处温度分布要均匀，并且在运输过程进尽量避免温度波动，降低温度波动幅度和减少波动持续时间。

🌐【技能训练】

【训练资料】

（1）课前准备一定数量的冷藏运输的案例，并用 A4 纸打印备用。
（2）准备讨论记录表格。

【训练步骤】

1. 组织准备

（1）将全班同学按 6～8 人进行分组；选出小组长，小组长负责组织本小组成员参与活动。
（2）将训练资料按组数分成对应的份数。
（3）以抽签的方式安排各小组完成不同内容的任务。

2. 布置任务

（1）下达任务书。在规定的时间范围内，各小组针对所抽取的冷藏运输的案例进行讨论，各小组组长负责整理各小组资料。
（2）各小组安排一名代表上台讲解展示本小组的工作成果，并上交相关资料。

3. 考核评价

（1）各小组根据训练资料进行讨论后，讨论结果记录的正确性情况。评分比例占总成绩的 50% 左右。

（2）各小组讨论过程中及交叉评审过程中小组成员参与的积极性、团队合作、纪律性等情况。评分比例占总成绩的 50% 左右。

（3）小组代表陈述评审结果时的逻辑性、条理性等表达情况。评分比例占总成绩的 20% 左右。

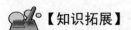【知识拓展】

海洋运输冷藏货物保险条款

1. 责任范围

本保险分为冷藏险和冷藏一切险二种。被保险货物遭受损失时，本保险按照保险单上订明承保险别的条款规定，负赔偿责任。

(1) 冷藏险。

本保险负责赔偿：

① 被保险货物在运输途中由于恶劣气候、雷电、海啸、地震、洪水等自然灾害或由于运输工具遭受搁浅、触礁、沉没、互撞、与流冰或其他物体碰撞以及失火、爆炸意外事故或由于冷藏机器停止工作连续达 24h 以上所造成的腐败或损失。

② 在装卸或转运时由于一件或数件整件货物落海所造成全部或部分损失。

③ 被保险人对遭受承保责任内危险的货物采取抢救、防止或减少货损的措施而支付的合理费用，但以不超过该批被救货物的保险金额为限。

④ 运输工具遭遇海难后，在避难港由于卸货所引起的损失以及在中途港、避难港由于卸货、存仓以及运送货物所产生的特别费用。

⑤ 共同海损的牺牲、分摊和救助费用。

⑥ 运输契约订有"船舶互撞责任"条款，根据该条款规定应由货方偿还船方的损失。

(2) 冷藏一切险。

除包括上列冷藏险的各项责任外，本保险还负责被保险货物在运输途中由于外来原因所致的腐败或损失。

2. 除外责任

本保险对下列损失不负赔偿责任：

(1) 被保险人的故意行为或过失所造成的损失。

(2) 属于发货人责任所引起的损失。

(3) 被保险货物在运输过程中的任何阶段，因未存放在有冷藏设备的仓库货运输工具中，或辅助运输工具没有隔温设备造成的货物腐败。

(4) 被保险货物在保险责任开始时因未保持良好状态，包括整理加工和包扎不妥，冷冻上的不合规定及骨头变质所引起的货物腐败和损失。

(5) 被保险货物的自然损耗、本质缺陷、特性及市价跌落、运输延迟所引起的损失和费用。

(6) 本公司海洋运输货物战争险条款和货物运输罢工条款规定的责任范围和除外责任。

3. 责任起讫

(1) 本保险责任自被保险货物运离保险单所载起运地点的冷藏仓库装人运送工具开始运输时

生效，包括正常运输过程中的海上、陆上、内河和驳船运输在内，直至该项货物到达保险单所载明的最后卸载港 30 天内卸离海轮，并将货物存入岸上冷藏库后继续有效。但以货物全部卸离海轮时起算满 10 天为限。在上述期限内货物一经移出冷藏库，则责任即行终止。如卸离海轮后不存入冷藏库，则至卸离海轮时终止。

(2) 由于被保险人无法控制的运输延迟、绕道、被迫卸货、重行装载、转载或承运人运用运输契约赋予的权限所做的任何航海上的变更或终止运输契约，致使被保险货物运到非保险单所载明目的地时，在被保险人即时将获知的情况通知保险人，并在必要时加缴保险费的情况下，本保险仍继续有效。保险责任按下列规定终止：

① 在货物到达卸载港 30 天内卸离海轮并将货物存入岸上冷藏仓库后继续有效，但以货物全部卸离海轮后时起算满 10 天终止。在上述期限内，被保险货物如在非保险单所载明目的地出售，保险责任至交货时为止。

② 被保险货物如在上述 10 天期限内继续运往保险单所载原目的地或其他目的地时，保险责任仍按上述第（1）款的规定终止。

4．被保险人的义务

被保险人应按照以下规定的应尽义务办理有关事项，如因未履行规定的应尽义务而影响本公司利益时，本公司对有关损失有权拒绝赔偿。

(1) 当被保险货物运抵保险单所载目的港以后，被保险人应及时提货，当发现被保险货物任何部分有腐败货损失，应即向保险单所载明的检验、理赔代理人申请检验，由其在本保险责任终止前确定腐败件数或损失程度。如发现被保险货物整件短少或有明显残损痕迹，应即向承运人、受托人或有关当局（海关、港务当局等）索取货损货差证明。如果货损货差是由于承运人、受托人或其他有关方面的责任所造成，应以书面方式向他们提出索赔，必要时还须取得延长时效的认证。

(2) 对遭受承保责任内危险的货物，应迅速采取合理的抢救措施，防止或减少货物的损失。被保险人采取此项措施，不应视为放弃委付的表示；本公司采取此项措施，也不得视为接受委付的表示。

(3) 如遇航程变更或发现保险单所载明的货物、船名或航程有遗漏或错误时，被保险人应在获悉后立即通知保险人并在必要时加缴保险费，本保险才继续有效。

(4) 在向保险人索赔时，必须提供下列单证：

保险单正本、提单、发票、装箱单、磅码单、货损货差证明、检验报告及索赔清单。如涉及第三者责任，还须提供向责任方追偿的有关函电及其他必要单证或文件。

(5) 在获悉有关运输契约中"船舶互撞责任"条款的实际责任后，应及时通知保险人。

5．赔款的处理

(1) 本保险对同一标记和同一价值的或不同标记但是同一价值的各种包、件、扎、块，除非另有规定，均视作同一重量和同一保险价值计算处理赔偿。

(2) 本保险的索赔时效，从被保险货物在最后卸载港全部卸离海轮后起计算，最多不超过 2 年。

🔍【课后巩固】

（1）沿海地区的海产类商品是如何配送到全国各地进行销售的？

（2）针对新鲜的家禽类商品，联系实际谈谈如何进行仓库设计管理。

项目 6

危险化学品储运管理

【学习目标】

知识目标	认识危险化学品 能说明化学危险品储存的基本要求 能阐述化学危险品的储存方式 能讲解化学危险品出入库管理过程中的注意事项 能概括常见危险化学品的保管方法
技能目标	能利用危险化学品安全标志判断货物属性 学会办理危险品货物托运业务流程
职业能力目标	让学生认识危险化学品的危害程度,从而提高警惕性 满足从事危险化学品运输的相关素质要求

任务1 危险化学品概述

 【任务目标】

（1）认识危险化学品。
（2）能辨别危险化学品的种类。
（3）能根据安全标识判断危险化学品的种类与安全性能。

 【练习思考】

如下图片有哪些是属于危险化学品？有哪些是属于危险品？

【知识链接】

一、危险化学品的定义

化学品中具有易燃、易爆、有毒、有腐蚀性等特性，会对人（包括生物）、设备、环境造成伤害和侵害的化学品叫作危险化学品，如图6.1所示。

炸药　　　　　　农药　　　　　　硫酸

图6.1 危险化学品（一）

液化气体　　　　　　工业硫磺　　　　　　煤气罐

图 6.1　危险化学品（二）

危险化学品在不同的场合，叫法或者称呼是不一样的，如在生产、经营、使用场所，一般不单称危险化学品，而统称化工产品。在运输过程中，包括铁路运输、公路运输、水上运输、航空运输都称为危险货物。在储存环节，一般又称为危险物品或危险品。当然，作为危险货物、危险物品，除危险化学品外，还包括一些其他货物或物品。

二、危险化学品的特征

（1）具有爆炸性、易燃、毒害、腐蚀、放射性等性质。
（2）在生产、运输、使用、储存和回收过程中易造成人员伤亡和财产损毁。
（3）需要特别防护。

三、危险化学品的类别

国家标准《化学品分类和危险性公示通则》（GB 13690—2009），对 1 074 种常用危险化学品进行了分类，规定了危险性类别、危险标志及危险特性等内容，将常用危险化学品按危险特性分为以下 8 类：

第 1 类　爆炸品
第 2 类　压缩气体和液化气体
第 3 类　易燃液体
第 4 类　易燃固体、自燃物品和遇湿易燃物品
第 5 类　氧化剂和有机过氧化物
第 6 类　有毒品
第 7 类　放射性物品
第 8 类　腐蚀品

【参考资料】

我国涉及危险化学品分类的国家标准还有《危险货物分类和品名编号》（GB 6944—2012）和《危险货物品名表》（GB 12268—2012）。这两个标准与物流的关系更为密切，并参考了联合国危险货物运输专家委员会的分类方法，根据危险货物在运输、储存、生产、经营、使用、处置等过程中的不同特点，将其分为9大类，分别为爆炸品，气体，易燃液体，易燃固体，易于自燃的物质，遇水放出易燃气体的物质，氧化性物质和有机过氧化物，毒性物质和感染性物质，放射性物质，腐蚀性物质，杂项危险物质和物品。

【练一练】

请分别指出以下图片是属于危险化学品哪一类别。

花炮

TNT

液氧

【参考答案】

硫磺

金属钠

夜光粉

四、危险化学品的安全标志

安全标志是由安全色、边框、图形、符号或文字构成的标志，用以鲜明、简洁地表达特定的安全信息。常用危险化学品标志由国家标准《常用危险化学品的分类及标志》（GB 13690—2009）规定，该标准对常用危险化学品按其主要危险特性分成了8类，并设主标志16种、副标志11种。主标志是由表示危险特性的图案、文字说明、底色和危险品类别号4个部分组成的菱形标志，副标志图形中没有危险品类别号。

【参考资料】

标志1 爆炸品标志
类型：主标志

标志2 易燃气体标志
类型：主标志

标志3 不燃气体标志
类型：主标志

标志4 有毒气体标志
类型：主标志

标志5 易燃液体标志
类型：主标志

标志6 易燃固体标志
类型：主标志

标志7 自燃物品标志
类型：主标志

标志8 遇湿易燃物品标志
类型：主标志

标志9 氧化剂标志
类型：主标志

标志10 有机过氧化物标志
类型：主标志

标志11 有毒品标志
类型：主标志

标志12 剧毒品标志
类型：主标志

标志13　一级放射性物品标志　　　标志14　二级放射性物品标志　　　标志15　三级放射性物品标志
　　类型：主标志　　　　　　　　　　类型：主标志　　　　　　　　　　类型：主标志

标志16　腐蚀品标志　　　　　　　标志17　爆炸品标志　　　　　　　标志18　易燃气体标志
　　类型：主标志　　　　　　　　　　类型：副标志　　　　　　　　　　类型：副标志

标志19　不燃气体标志　　　　　　标志20　有毒气体标志　　　　　　标志21　易燃液体标志
　　类型：副标志　　　　　　　　　　类型：副标志　　　　　　　　　　类型：副标志

标志22　易燃固体标志　　　　　　标志23　自燃物品标志　　　　　　标志24　遇湿易燃物品标志
　　类型：副标志　　　　　　　　　　类型：副标志　　　　　　　　　　类型：副标志

标志25 氧化剂标志　　　标志26 有毒品标志　　　标志27 腐蚀品标志
　类型：副标志　　　　　　类型：副标志　　　　　　类型：副标志

【练一练】

请写出以下标志的名称，并判断其属于副标志还是主标志。

标志：有毒气体标志　　标志：自燃物品标志　　标志：三级放射性物品标志
类型：主标志　　　　　类型：副标志　　　　　类型：主标志

标志：不燃气体标志　　标志：遇湿易燃物品标志　标志：易燃液体标志
类型：副标志　　　　　类型：主标志　　　　　　类型：副标志

标志：腐蚀品标志　　　标志：氧化剂标志　　　标志：剧毒品标志
类型：主标志　　　　　类型：主标志　　　　　类型：主标志

【参考答案】

【技能训练】

【训练资料】

（1）对于工作生活中常见的危险化学品，如硫磺粉、黄磷、过氧化钙、敌敌畏、夜光粉、硫酸、TNT、电石气、氯化氰、汽油等，请分别描述每种危险化学品的基本特征，并判断其所属的危险化学品类别。

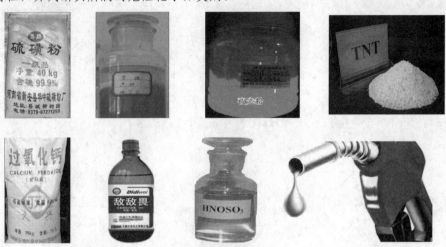

（2）认真观察如下安全标识，判断其是否正确有效，如果有效则说明其属于主标志还是副标志。

【训练步骤】

1. 组织准备

在教师的指导下，将班级同学按5～6人进行分组；选定1名同学担任小组组长，由小组长安排1名同学担任小组活动的记录员。
2．布置任务
（1）各小组组长分别组织本小组成员根据上述训练资料进行分组讨论，并做好相应的书面记录。
（2）各小组相互交换讨论记录，交叉评审。
（3）各小组分别委派1名代表上台陈述评审结果。
3．考核评价
对各小组的考核主要从以下3个方面来进行：
（1）各小组根据训练资料进行讨论后，讨论结果记录的正确性情况。评分比例占总成绩的50%左右。
（2）各小组讨论过程中及交叉评审过程中小组成员参与的积极性、团队合作、纪律性等情况。评分比例占总成绩的30%左右。
（3）小组代表陈述评审结果时的逻辑性、条理性等表达情况。评分比例占总成绩的20%左右。

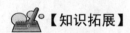
【知识拓展】

危险化学品重大危险源辨识（GB 18218—2014）（节选）

1．范围

本标准规定了辨识危险化学品重大危险源的依据和方法。

本标准适用于危险化学品的生产、使用、储存和经营等各企业或组织。

本标准不适用于：

（1）核设施和加工放射性物质的工厂，但这些设施和工厂中处理非放射性物质的部门除外。

（2）军事设施。

（3）采矿业，但涉及危险化学品的加工工艺及储存活动除外。

（4）危险化学品的运输。

（5）海上石油天然气开采活动。

2．规范性引用文件

GB 12268　危险货物品名表

GB 20592　化学品分类、警示标签和警示性说明安全规范 急性毒性

3．术语和定义

下列术语和定义适用于本标准。

3.1　危险化学品（dangerous chemicals）

具有易燃、易爆、有毒、有害等特性，会对人员、设施、环境造成伤害或损害的化学品。

3.2　单元（unit）

一个（套）生产装置、设施或场所，或同属一个生产经营单位的且边缘距离小于500m的几个（套）生产装置、设施或场所。

3.3　临界量（threshold quantity）

对于某种或某类危险化学品规定的数量，若单元中的危险化学品数量等于或超过该数量，则该单元定为重大危险源。

3.4 危险化学品重大危险源（major hazard installations for dangerous chemicals）

长期地或临时地生产、加工、使用或储存危险化学品，且危险化学品的数量等于或超过临界量的单元。

4. 危险化学品重大危险源辨识

4.1 辨识依据

4.1.1 危险化学品重大危险源的辨识依据是危险化学品的危险特性及其数量，具体见表 6-1 和表 6-2。

4.1.2 危险化学品临界量的确定方法如下：

（1）在表 6-1 范围内的危险化学品，其临界量按表 6-1 确定。

（2）未在表 6-1 范围内的危险化学品，依据其危险性，按表 6-2 确定临界量；若一种危险化学品具有多种危险性，按其中最低的临界量确定。

表 6-1 危险化学品名称及其临界量

序号	类 别	危险化学品名称和说明	临界量/t
1	爆炸品	叠氮化钡	0.5
2		叠氮化铅	0.5
3		雷酸汞	0.5
4		三硝基苯甲醚	5
5		三硝基甲苯	5
6		硝化甘油	1
7		硝化纤维素	10
8		硝酸铵（含可燃物＞0.2%）	5
9	易燃气体	丁二烯	5
10		二甲醚	50
11		甲烷、天然气	50
12		氯乙烯	50
13		氢	5
14		液化石油气（含丙烷、丁烷及其混合物）	50
15		一甲胺	5
16		乙炔	1
17		乙烯	50
18	毒性气体	氨	10
19		二氟化氧	1
20		二氧化氮	1
21		二氧化硫	20
22		氟	1
23		光气	0.3
24		环氧乙烷	10
25		甲醛（含量＞90%）	5
26		磷化氢	1

续表

序号	类别	危险化学品名称和说明	临界量/t
27	毒性气体	硫化氢	5
28		氯化氢	20
29		氯	5
30		煤气（CO、CO 和 H_2、CH_4 的混合物等）	20
31		砷化三氢（胂）	12
32		锑化氢	1
33		硒化氢	1
34		溴甲烷	10
35	易燃液体	苯	50
36		苯乙烯	500
37		丙酮	500
38		丙烯腈	50
39		二硫化碳	50
40		环己烷	500
41		环氧丙烷	10
42		甲苯	500
43		甲醇	500
44		汽油	200
45		乙醇	500
46		乙醚	10
47		乙酸乙酯	500
48		正己烷	500
49	易于自燃的物质	黄磷	50
50		烷基铝	1
51		戊硼烷	1
52	遇水放出易燃气体的物质	电石	100
53		钾	1
54		钠	10
55	氧化性物质	发烟硫酸	100
56		过氧化钾	20
57		过氧化钠	20
58		氯酸钾	100
59		氯酸钠	100
60		硝酸（发红烟的）	20
61		硝酸（发红烟的除外,含硝酸＞70%）	100
62		硝酸铵（含可燃物≤0.2%）	300
63		硝酸铵基化肥	1 000

续表

序号	类别	危险化学品名称和说明	临界量/t
64	有机过氧化物	过氧乙酸（含量≥60%）	10
65		过氧化甲乙酮（含量≥60%）	10
66	毒性物质	丙酮合氰化氢	20
67		丙烯醛	20
68		氟化氢	1
69		环氧氯丙烷（3-氯-1,2-环氧丙烷）	20
70		环氧溴丙烷	20
71		甲苯二异氰酸酯	100
72		氯化硫	1
73		氰化氢	1
74		三氧化硫	75
75		烯丙胺	20
76		溴	20
77		乙撑亚胺	20
78		异氰酸甲酯	0.75

表6-2 未在表6-1中列举的危险化学品类别及其临界量

类别	危险性分类及说明	临界量/t
爆炸品	1.1A项爆炸品	1
	除1.1A项外的其他1.1项爆炸品	10
	除1.1项外的其他爆炸品	50
气体	易燃气体：危险性属于2.1项的气体	10
	氧化性气体：危险性属于2.2项非易燃无毒气体且次要危险性为5类的气体	200
	剧毒气体：危险性属于2.3项且急性毒性为类别1的毒性气体	5
	有毒气体：危险性属于2.3项的其他毒性气体	50
易燃液体	极易燃液体：沸点≤35℃且闪点<0℃的液体；或保存温度一直在其沸点以上的易燃液体	10
	高度易燃液体：闪点<23℃的液体（不包括极易燃液体）；液态退敏爆炸品	1 000
	易燃液体：23℃≤闪点<61℃的液体	5 000
易燃固体	危险性属于4.1项且包装为Ⅰ类的物质	200
易于自燃的物质	危险性属于4.2项且包装为Ⅰ或Ⅱ类的物质	200
遇水放出易燃气体的物质	危险性属于4.3项且包装为Ⅰ或Ⅱ类的物质	200
氧化性物质	危险性属于5.1项且包装为Ⅰ类的物质	50
	危险性属于5.1项且包装为Ⅱ或Ⅲ类的物质	200

续表

类　　别	危险性分类及说明	临界量/t
有机过氧化物	危险性属于 5.2 项的物质	50
毒性物质	危险性属于 6.1 项且急性毒性为类别 1 的物质	50
	危险性属于 6.1 项且急性毒性为类别 2 的物质	500

注：以上危险化学品危险性类别及包装类别依据 GB 12268 确定，急性毒性类别依据 GB 20592 确定。

4.2　重大危险源的辨识指标

单元内存在危险化学品的数量等于或超过表 6-1、表 6-2 规定的临界量，即被定为重大危险源。单元内存在的危险化学品的数量根据处理危险化学品种类的多少区分为以下两种情况：

4.2.1　单元内存在的危险化学品为单一品种，则该危险化学品的数量即为单元内危险化学品的总量，若等于或超过相应的临界量，则定为重大危险源。

4.2.2　单元内存在的危险化学品为多品种时，则按下式计算。若满足下式，则定为重大危险源：

$$q_1/Q_1 + q_2/Q_2 + \cdots + q_n/Q_n \geq 1$$

式中：q_1，q_2，$\cdots$，q_n——每种危险化学品实际存在量，单位为吨（t）；

Q_1，Q_2，$\cdots$，Q_n——与各危险化学品相对应的临界量，单位为吨（t）。

【课后巩固】

日常生活常见的液氮运输、盐酸运输、氧化钙运输、液氧运输、液化氨运输中，有哪些是危险品运输？

【参考答案】

任务 2　危险化学品的仓储管理

【任务目标】

（1）能说明化学危险品储存的基本要求。
（2）能阐述化学危险品储存方式。
（3）能讲解化学危险品出入库管理注意事项。
（4）能概述常见危险化学品的保管方法。

【练习思考】

某年 8 月 5 日 13 时 26 分，深圳市安贸危险物品储运公司清水河化学危险品仓库发生特大爆炸事故，爆炸引起大火，1h 后着火区又发生第二次强烈爆炸，造成更大范围的破坏和火灾。深圳市政府立即组织数千名消防、公安、武警、解放军指战员及医务人员参加抢险救灾工作，由于决策正确、指挥果断，再加上多方面的全力支持，至 8 月 6 日凌晨 5 时，终于扑灭了这场大火。这起事故造成 15 人死亡，200 人受伤，其中重伤 25 人，直接经济损失 2.5 亿元。根据调查，事故发生单位是中国对外贸易开发集团公司下属的储运公司与深圳市危险品服务中心联营的安贸危险品储运公司。爆炸地点是清水河仓库区清6平仓,其中6个仓(2~7号仓)被彻底摧毁,现场留下两个深7m的大坑,1号仓和8号仓遭到严重破坏。

（1）这次极为惨痛的事故存在的许多重大安全问题,它给我们带来哪些方面的深刻教训?

（2）要防止同类事故的再次发生可采取哪些有效措施?

【知识链接】

一、危险化学品储存的基本要求

（1）储存危险化学品必须遵照国家法律、法规和其他有关的规定。

（2）危险化学品必须储存在经公安部门批准设置的专门的化学危险品仓库中,经销部门自管仓库储存化学危险品及储存数量必须经公安部门批准。未经批准不得随意设置化学危险品储存仓库。

（3）危险化学品露天堆放,应符合防火、防爆的安全要求,爆炸物品、一级易燃物品、遇湿燃烧物品、剧毒物品不得露天堆放。

（4）储存危险化学品的仓库必须配备有专业知识的技术人员,其库房及场所应设专人管理,管理人员必须配备可靠的个人安全防护用品。

（5）根据危险品性能分区、分类、分库储存。

（6）储存危险化学品的建筑物、区域内严禁吸烟和使用明火。

二、危险化学品储存方式

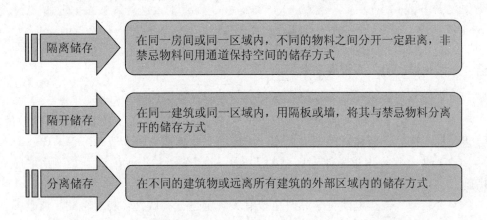

- 隔离储存：在同一房间或同一区域内，不同的物料之间分开一定距离，非禁忌物料间用通道保持空间的储存方式
- 隔开储存：在同一建筑或同一区域内，用隔板或墙，将其与禁忌物料分离开的储存方式
- 分离储存：在不同的建筑物或远离所有建筑的外部区域内的储存方式

三、储存危险化学品场所的要求

（1）储存危险化学品的建筑物不得有地下室或其他地下建筑，其耐火等级、层数、占地面积、安全疏散和防火间距，应符合国家有关规定。

（2）储存地点及建筑结构的设置，除了应符合国家的有关规定外，还应考虑对周围环境和居民的影响。

（3）储存场所的电气安装必须符合国家规定。

（4）储存场所通风或温度调节要求如下：

① 储存化学危险品的建筑必须安装通风设备，并注意设备的防护措施。
② 储存化学危险品的建筑通排风系统应设有导除静电的接地装置。
③ 通风管应采用非燃烧材料制作。
④ 通风管道不宜穿过防火墙等防火分隔物，如必须穿过时应用非燃烧材料分隔。
⑤ 储存化学危险品建筑采暖的热媒温度不应过高，热水采暖不应超过80℃，不得使用蒸气采暖和机械采暖。
⑥ 采暖管道和设备的保温材料，必须采用非燃烧材料。

四、危险化学品养护的注意事项

（1）危险化学品入库时，应严格检验物品质量、数量、包装情况、有无泄漏。
（2）危险化学品入库后应采取适当的养护，在储存期内，定期检查，发现其品质变化、包装破损、渗漏、稳定剂短缺等，应及时处理。
（3）库房温度、湿度应严格控制、经常检查，发现变化及时调整。

五、危险化学品出入库管理注意事项

（1）储存危险化学品的仓库，必须建立严格的出入库管理制度。

（2）危险化学品出入库前均应按合同进行检查验收、登记，验收内容包括数量、包装、危险标志。经核对后方可入库、出库，当物品性质未弄清时不得入库。

（3）进入危险化学品储存区域的人员、机动车辆和作业车辆，必须采取防火措施。

（4）装卸、搬运危险化学品时应按有关规定进行，做到轻装、轻卸。严禁摔、碰、撞、击、拖拉、倾倒和滚动。

（5）装卸对人身有毒害及腐蚀性的物品时，操作人员应根据危险性，穿戴相应的防护用品。

（6）不得用同一车辆运输互为禁忌的物料。

（7）修补、换装、清扫、装卸易燃和易爆物料时，应使用不产生火花的铜制、合金制或其他工具。

六、常见危险品保管方法

（一）易潮商品的保管

（1）通风降潮。

（2）密封防潮。

（3）通电驱潮。

（二）易燃液体的保管

（1）入库时必须严格检查包装是否漏损，在储存期内也应定期检查，发现问题及时解决。同时，库房必须通风，作业人员应穿戴相应的防护用品，以免发生中毒事件。

（2）易燃液体受热后蒸发出的气体，增大压力使容器膨胀，严重时可使容器破裂发生爆炸事故，所以容器不可装得过满，同时库房内和库区周围应严禁烟火，加强通风。

（三）易爆商品的保管

（1）装卸和搬运爆炸品时，要轻拿轻放，严禁碰撞、拖拉与滚动。作业人员严禁穿有铁钉的鞋，工作服严防产生静电。

（2）储存易爆商品的仓库必须远离居民区，还应与周围建筑、交通干道、输电线路保持一定安全距离，库房一定要远离火源，必须保持通风干燥，同时还应安装避雷设备，保持适宜的温湿度。

（3）盛放或携带零星易爆商品时，不能有金属容器，要用木、竹、藤制的筐或箱，以免因摩擦而发生爆炸事故。

（4）易爆商品必须单独隔离，限量储存。

（5）仓库内的电器设备应符合安全要求，定期检修，下班断电。

（四）其他危险品的保管

（1）危险品。储存危险品的库房不得有地下室或其他地下建筑，具有一定的耐火等级、层数、占地面积、安全疏散和防火间距。

（2）压缩气体和液化气体。必须专库专用；盛装液化气体的容器属压力容器的，必须有压力表、安全阀、紧急切断装置，并定期检查，不得超装。

（3）易燃固体、自燃物品和遇湿易燃物品。应注意库房温度的控制，装卸搬运时，应轻拿轻放，严禁与氧化剂、氧化性酸类混放。

（4）有毒物品。应储存在阴凉、通风、干燥的场所，不能露天存放，不能接近酸类物质。库内温度应在32℃以下，相对湿度在80%以下。操作时严禁与皮肤接触，要注意防护。

（5）氧化剂和有机过氧化物。应储存在阴凉、通风、干燥的库房内，严禁摩擦、拖拉，防止日晒。

（6）腐蚀品。应据其性质的不同，进行分类存放，存放酸、碱的库房地面要用砂土、炉灰夯实；盛装酸类的容器不得与盛装其他物品的容器混放。

【技能训练】

【训练资料】

完成本次技能训练须事先准备好相关案例，查阅部分资料加以整理，以下是危险品事故的案例。

1. 案例一

深圳罗湖区某建筑工地上，气瓶储存间内储放了3瓶氧气和3瓶乙炔。某日，几名工人到气瓶储存间避雨，由于大雨时间较长，其中一名工人点燃香烟，由于乙炔泄漏，引发爆炸，造成一死两伤的惨剧。

讨论：该案例中违反安全规定之处有哪些？

2. 案例二

某县花炮厂发生特大爆炸事故，造成30多人死亡，其中在校中小学生10多人，不在校的未成年人2人，还有10多人受伤，其中重伤2人。事故的经过是，某年年初，属于乡镇企业的某县花炮厂接到一笔大规格爆竹（属国家明令禁止生产的品种）的生产订单。因时间紧、任务重，为完成订单，业主采取增加加工费等方法，吸引一部分未经任何教育、培训的人员到厂务工。事故发生当天，配药工李某违反操作规程，造成火药摩擦起火，引起爆炸。且由于该厂生产的是国家明令禁止生产的大规格爆竹，车间内当日存放的成品和半成品及原料火药量严重超标，直接爆炸源引发周围堆放的成品、半成品和原料接连爆炸，导致严重人员伤亡。

讨论：引发这起特大爆炸案件的原因有哪些？

【训练步骤】

1. 组织准备

（1）将全班同学按6~8人进行分组；选出小组长，小组长负责组织本小组成员参与活动。

（2）将训练资料按组数分成对应的份数。

（3）以抽签的方式安排各小组完成不同内容的任务。

2. 布置任务

（1）下达任务书。在规定的时间内，各小组针对所抽取的讨论资料进行讨论，各小组组长负责整理各小组资料。

（2）各小组安排一名代表上台讲解展示本小组的工作成果，并上交相关资料。

3. 考核评价

（1）教师根据各个小组的表现针对讲解内容的精彩性、正确性、完整性等内容进行评分与点评。评分比例占总成绩的60%左右。

（2）教师在点评内容的同时，对各个小组队员之间的团队合作，演讲组织能力等内容进行评分与指导。评分比例占总成绩的35%左右。

（3）开展学生自评项目。评分比例占总成绩的5%左右。

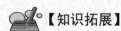【知识拓展】

雷击引起酒厂酒精储罐爆炸事件

某年5月22日晚上7点30分左右，易达酒业有限公司厂内，一个酒精储存罐遭雷击发生爆炸，继而引燃了附近的4个酒精储存罐和一辆酒精槽罐车，幸运的是事故没有造成人员伤亡。

据了解，雷电击中了最北侧的一号大罐，导致大罐爆炸起火。据现场的消防官兵介绍，当时火势最大的有两处，一处是两个体积较小的酒精罐，另一处是一辆只剩下半个罐体的槽罐车，巨大火焰不断腾起。"周围还有十几个高大的酒精储存罐，一旦发生爆炸，后果不堪设想。"

易达酒业有限公司知情人介绍，起火前，那辆槽罐车正在装酒精，由于接连响起的炸雷，工人们停止了灌装，3个人躲进了旁边的小屋。爆炸发生后，3个人见势不妙迅速离开了现场。

紧邻酒精厂的一宾馆多扇窗户被震碎。幸运的是，当晚宾馆在雷电来的时候就切断了宾馆的电源，在爆炸之后，十余名客人被紧急疏散，所以并未造成人员伤亡。

消防官兵经过近4h的浴火奋战，至当晚11时左右，大火终于被彻底扑灭。

【课后巩固】

（1）特种商品如何进行保管？

（2）联系实际谈谈如何进行仓库安全管理。

任务3　危险化学品的运输管理

【任务目标】

（1）能描述危险化学品的运输企业资质要求。

（2）知道从事危险化学品运输企业人员的要求。

（3）能讲解危险化学品的运输要求。

（4）能概述常见危险化学品的运输包装要求。

【练习思考】

某年1月24日上午10时左右，在某路段发生特大汽车追尾事故，造成5人死亡、5人受伤，其中一辆运输车上装载的有毒化工原料泄漏。事故发生在某高速自北向南方向距某市14km处，前方4辆汽车相撞，其中一辆面包车上3人当场死亡，另一辆挂重庆车牌的运输车被撞坏，造成车上2人死亡、1人受伤，运输车装载的15t四氯化钛开始部分泄漏。四氯化钛是一种有毒化工原料，有刺激性，挥发快，对皮肤、眼睛会造成损伤，大量吸入可致人死亡。事故现场恰逢小雨，此物质遇水后起化学反应，产生大量有毒气体。某市、某县有关领导闻讯后立即赶赴现场，组织公安、消防人员及附近群众200余人，对泄漏物质紧急采取以土掩埋等处置措施。

简述对危险化学品运输车辆的安全要求。

【参考答案】

【知识链接】

危险化学品的运输区别于其他物品的运输，一旦出现事故，具有影响大、危害大、伤亡人数多的特点。为此，做好危险化学品的运输管理具有重要意义。

一、危险化学品运输企业的资质要求

从事危险化学品道路运输、水路运输的，应当分别依照有关道路运输、水路运输的法律、行政法规的规定，取得危险货物道路运输许可、危险货物水路运输许可，并向工商行政管理部门办理登记手续。危险化学品道路运输企业、水路运输企业应当配备专职安全管理人员。

交通运输部的《道路危险货物运输管理规定》（修改）对从事道路危险货物运

【参考资料】

输经营应当具备的条件作了经营细化和明确，按照相关规定申请领取《道路危险货物运输许可证》。并规定，符合下列条件的企事业单位，可以使用自备专用车辆从事为本单位服务的非经营性道路危险货物运输。

（1）下列企事业单位之一：省级以上安全生产监督管理部门批准设立的生产、使用、储存危险化学品的企业；有特殊需求的科研、军工、通用民航等企事业单位。

（2）具备第八条规定的条件，但自有专用车辆的数量可以少于5辆。

二、危险化学品运输企业人员的要求

（1）危险化学品运输企业，应当对其驾驶员、船员、装卸管理人员、押运人员进行有关安全知识培训。

（2）驾驶员、船员、装卸管理人员、押运人员必须掌握危险化学品运输的安全知识，并经所在地设区的市级人民政府交通部门考核合格（船员经海事管理机构考核合格），取得上岗资格证，方可上岗作业。

（3）危险化学品的装卸作业必须在装卸管理人员的现场指挥下进行。

（4）运输危险化学品的驾驶员、船员、装卸人员和押运人员必须了解所运载的危险化学品的性质、危害特性、包装容器的使用特性和发生意外时的应急措施。

（5）运输危险化学品，必须配备必要的应急处理器材和防护用品。

三、危险化学品的运输要求

（1）运输、装卸危险化学品，应当依照有关法律、法规、规章的规定和国家标准的要求，并按照危险化学品的危险特性，采取必要的安全防护措施。

（2）用于化学品运输工具的槽罐及其他容器，必须依照规定，由专业生产企业定点生产，并经检测、检验合格，方可使用。

质检部门应当对前款规定的专业生产企业定点生产的槽罐及其他容器的产品质量进行定期的或者不定期的检查。

（3）运输危险化学品的槽罐以及其他容器必须封口严密，能够承受正常运输条件下产生的内部压力和外部压力，保证危险化学品运输中不因温度、湿度或者压力的变化而发生任何渗（洒）漏。

（4）装运危险货物的罐（槽）应适合所装货物的性能，具有足够的强度，并应根据不同货物的需要配备泄压阀、防波板、遮阳物、压力表、液位计、导除静电等相应的安全装置；罐（槽）外部的附件应有可靠的防护设施，必须保证所装货物不发生"跑、冒、滴、漏"，并在阀门口装置积漏器。

（5）通过公路运输危险化学品，必须配备押运人员，并随时处于押运人员的监管之下，不得超装、超载，不得进入危险化学品运输车辆禁止通行的区域；确需进入禁止通行区域的，应当事先向当地公安部门报告，由公安部门为其指定行车时间和路线，运输车辆必须遵守公安部门规定的行车时间和路线。

危险化学品运输车辆禁止通行区域,由设区的市级人民政府公安部门划定,并设置明显的标志。

运输危险化学品途中需要停车住宿或者遇有无法正常运输的情况时,应当向当地公安部门报告。

(6)运输危险化学品的车辆应专车专用,并有明显标志,要符合交通管理部门对车辆和设备的规定。

① 车厢及其底板必须平坦完好,周围栏板必须牢固。

② 机动车辆排气管必须装有有效的隔热和熄灭火星的装置,电路系统应有切断总电源和隔离火花的装置。

③ 车辆左前方必须悬挂黄底黑字"危险品"字样的信号旗。

④ 根据所装危险货物的性质,配备相应的消防器材和捆扎、防水、防散失等用具。

(7)应定期对装运放射性同位素的专用运输车辆、设备、搬动工具、防护用品进行放射性污染程度的检查,当污染量超过规定的允许水平时,不得继续使用。

(8)装运集装箱、大型气瓶、可移动罐(槽)等的车辆,必须设置有效的紧固装置。

(9)各种装卸机械和工属具要有足够的安全系数,装卸易燃、易爆危险货物的机械和工属具,必须有消除产生火花的措施。

(10)三轮机动车、全挂汽车列车、人力三轮车、自行车和摩托车不得装运爆炸品、一级氧化剂、有机过氧化物;拖拉机不得装运爆炸品、一级氧化剂、有机过氧化物、一级易燃品;自卸汽车除二级固体危险货物外,不得装运其他危险货物。

(11)危险化学品在运输中包装应牢固,各类危险化学品包装应符合规定。

(12)性质或消防方法相互抵触,以及配装号或类项不同的危险化学品不能装在同一车、船内运输。

(13)易燃、易爆品不能装在铁帮、铁底的车、船内运输。

(14)易燃品闪点在28℃以下,气温高于28℃时应在夜间运输。

(15)运输危险化学品的车辆、船只应有防火安全措施。

(16)禁止无关人员搭乘运输危险化学品的车、船和其他运输工具。

(17)运输爆炸品和需凭证运输的危险化学品,应有运往地县、市公安部门的《爆炸品准运证》或《危险化学物品准运证》。

(18)通过航空运输危险化学品的,应按照国务院民航部门的有关规定执行。

四、危险化学品的运输包装要求

危险化学品的运输包装方法得当,就会降低储存、运输中的事故发生率;否则,就有可能导致重大事故。

(1)危险化学品包装按危险品种类可分为通用包装,气瓶,爆炸品、放射性物品和腐蚀品特殊专用包装等;按材质可分为纸质、木质、金属、玻璃、陶瓷或塑料包装等。

(2)按包装容器类型可分为桶、箱和袋包装等。

（3）按包装形式，有单一包装、复合包装和中型散装容器等。

包装的要求：
（1）防止危险品因不利气候或环境影响造成变质或发生反应。
（2）减少运输中各种外力的直接作用。
（3）防止危险品洒漏、挥发和不当接触。
（4）便于装卸、搬运。

【技能训练】

【训练资料】

完成本次技能训练须事先准备好相关案例，查阅部分资料加以整理，以下是危险品事故的案例。

1. 案例一

在广东曾经发生过一次气体运输车泄漏事故，装载 23.5t 液化天然气的运输车在经过广州市某条街道的桥洞时，罐体上部阀门口被桥洞刮破，气体开始泄漏。当时坐在驾驶室内的押运员李某对照气体压力表发现罐体内压力逐渐减小，知道大事不好，马上通知了司机保持匀速前进，同时李某打电话报警求救。半小时后公安交巡警赶到，在前方为其开路，经过专业人员及时堵漏，罐车在行驶 150km 后安全停下，同时由消防部门不停给罐体浇水降温。这是一次成功的危险品运输事故的补救行动。

讨论：该案例说明了哪些问题？

2. 案例二

某年 8 月 26 日凌晨 2 时 40 分许，一辆卧铺客车与一辆大型甲醇罐车在包茂高速安塞段追尾起火，酿成 36 人死亡、3 人受伤的悲剧。事故的发生，在化工业界引起了极大反响。业内专家认为，出台严厉措施和突击性的治理整顿固然必要，但注重源头治理才是根本。只有在危化品运输业全面推行安全标准化，加强安全基础管理，才能使安全事故屡屡发生的现状真正改变。

讨论：该案例说明了哪些问题？

【训练步骤】

1. 组织准备

（1）将全班同学按 6~8 人进行分组；选出小组长，小组长负责组织本小组成员参与活动。

（2）将训练资料按组数分成对应的份数。

（3）以抽签的方式安排各小组完成不同内容的任务。

2. 布置任务

（1）下达任务书。在规定的时间内，各小组针对所抽取的讨论资料进行讨论，各小组组长负责整理各小组资料。

（2）各小组安排一名代表上台讲解展示本小组的工作成果，并上交相关资料。

3. 考核评价

（1）教师根据各个小组的表现针对讲解内容的精彩性、正确性、完整性等内容进行评分与点评。评分比例占总成绩的60%左右。

（2）教师在点评内容的同时，对各个小组队员之间的团队合作、演讲组织能力等内容进行评分与指导。评分比例占总成绩的35%左右。

（3）开展学生自评项目。评分比例占总成绩的5%左右。

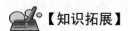【知识拓展】

《危险化学品安全管理条例》（2013年修订）中的运输安全（节选）

第五章　运　输　安　全

第四十三条　从事危险化学品道路运输、水路运输的，应当分别依照有关道路运输、水路运输的法律、行政法规的规定，取得危险货物道路运输许可、危险货物水路运输许可，并向工商行政管理部门办理登记手续。

危险化学品道路运输企业、水路运输企业应当配备专职安全管理人员。

第四十四条　危险化学品道路运输企业、水路运输企业的驾驶人员、船员、装卸管理人员、押运人员、申报人员、集装箱装箱现场检查员应当经交通运输主管部门考核合格，取得从业资格。具体办法由国务院交通运输主管部门制订。

危险化学品的装卸作业应当遵守安全作业标准、规程和制度，并在装卸管理人员的现场指挥或者监控下进行。水路运输危险化学品的集装箱装箱作业应当在集装箱装箱现场检查员的指挥或者监控下进行，并符合积载、隔离的规范和要求；装箱作业完毕后，集装箱装箱现场检查员应当签署装箱证明书。

第四十五条　运输危险化学品，应当根据危险化学品的危险特性采取相应的安全防护措施，并配备必要的防护用品和应急救援器材。

用于运输危险化学品的槽罐及其他容器应当封口严密，能够防止危险化学品在运输过程中因温度、湿度或者压力的变化发生渗漏、洒漏；槽罐及其他容器的溢流和泄压装置应当设置准确、起闭灵活。

运输危险化学品的驾驶人员、船员、装卸管理人员、押运人员、申报人员、集装箱装箱现场检查员，应当了解所运输的危险化学品的危险特性及其包装物、容器的使用要求和出现危险情况时的应急处置方法。

第四十六条　通过道路运输危险化学品的，托运人应当委托依法取得危险货物道路运输许可的企业承运。

第四十七条　通过道路运输危险化学品的，应当按照运输车辆的核定载质量装载危险化学品，不得超载。

危险化学品运输车辆应当符合国家标准要求的安全技术条件，并按照国家有关规定定期进行安全技术检验。

危险化学品运输车辆应当悬挂或者喷涂符合国家标准要求的警示标志。

第四十八条　通过道路运输危险化学品的，应当配备押运人员，并保证所运输的危险化学品处于押运人员的监控之下。

运输危险化学品途中因住宿或者发生影响正常运输的情况，需要较长时间停车的，驾驶人员、押运人员应当采取相应的安全防范措施；运输剧毒化学品或者易制爆危险化学品的，还应当向当地公安机关报告。

第四十九条 未经公安机关批准，运输危险化学品的车辆不得进入危险化学品运输车辆限制通行的区域。危险化学品运输车辆限制通行的区域由县级人民政府公安机关划定，并设置明显的标志。

第五十条 通过道路运输剧毒化学品的，托运人应当向运输始发地或者目的地县级人民政府公安机关申请剧毒化学品道路运输通行证。

申请剧毒化学品道路运输通行证，托运人应当向县级人民政府公安机关提交下列材料：

（一）拟运输的剧毒化学品品种、数量的说明；

（二）运输始发地、目的地、运输时间和运输路线的说明；

（三）承运人取得危险货物道路运输许可、运输车辆取得营运证以及驾驶人员、押运人员取得上岗资格的证明文件；

（四）本条例第三十八条第一款、第二款规定的购买剧毒化学品的相关许可证件，或者海关出具的进出口证明文件。

县级人民政府公安机关应当自收到前款规定的材料之日起7日内，作出批准或者不予批准的决定。予以批准的，颁发剧毒化学品道路运输通行证；不予批准的，书面通知申请人并说明理由。

剧毒化学品道路运输通行证管理办法由国务院公安部门制订。

第五十一条 剧毒化学品、易制爆危险化学品在道路运输途中丢失、被盗、被抢或者出现流散、泄漏等情况的，驾驶人员、押运人员应当立即采取相应的警示措施和安全措施，并向当地公安机关报告。公安机关接到报告后，应当根据实际情况立即向安全生产监督管理部门、环境保护主管部门、卫生主管部门通报。有关部门应当采取必要的应急处置措施。

第五十二条 通过水路运输危险化学品的，应当遵守法律、行政法规及国务院交通运输主管部门关于危险货物水路运输安全的规定。

第五十三条 海事管理机构应当根据危险化学品的种类和危险特性，确定船舶运输危险化学品的相关安全运输条件。

拟交付船舶运输的化学品的相关安全运输条件不明确的，应当经国家海事管理机构认定的机构进行评估，明确相关安全运输条件并经海事管理机构确认后，方可交付船舶运输。

第五十四条 禁止通过内河封闭水域运输剧毒化学品及国家规定禁止通过内河运输的其他危险化学品。

前款规定以外的内河水域，禁止运输国家规定禁止通过内河运输的剧毒化学品及其他危险化学品。

禁止通过内河运输的剧毒化学品及其他危险化学品的范围，由国务院交通运输主管部门会同国务院环境保护主管部门、工业和信息化主管部门、安全生产监督管理部门，根据危险化学品的危险特性、危险化学品对人体和水环境的危害程度以及消除危害后果的难易程度等因素规定并公布。

第五十五条 国务院交通运输主管部门应当根据危险化学品的危险特性，对通过内河运输本条例第五十四条规定以外的危险化学品（以下简称通过内河运输危险化学品）实行分类管理，对各类危险化学品的运输方式、包装规范和安全防护措施等分别作出规定并监督实施。

第五十六条 通过内河运输危险化学品，应当由依法取得危险货物水路运输许可的水路运输企业承运，其他单位和个人不得承运。托运人应当委托依法取得危险货物水路运输许可的水路运输企业承运，不得委托其他单位和个人承运。

第五十七条　通过内河运输危险化学品，应当使用依法取得危险货物适装证书的运输船舶。水路运输企业应当针对所运输的危险化学品的危险特性，制订运输船舶危险化学品事故应急救援预案，并为运输船舶配备充足、有效的应急救援器材和设备。

通过内河运输危险化学品的船舶，其所有人或者经营人应当取得船舶污染损害责任保险证书或者财务担保证明。船舶污染损害责任保险证书或者财务担保证明的副本应当随船携带。

第五十八条　通过内河运输危险化学品，危险化学品包装物的材质、形式、强度及包装方法应当符合水路运输危险化学品包装规范的要求。国务院交通运输主管部门对单船运输的危险化学品数量有限制性规定的，承运人应当按照规定安排运输数量。

第五十九条　用于危险化学品运输作业的内河码头、泊位应当符合国家有关安全规范，与饮用水取水口保持国家规定的距离。有关管理单位应当制订码头、泊位危险化学品事故应急预案，并为码头、泊位配备充足、有效的应急救援器材和设备。

用于危险化学品运输作业的内河码头、泊位，经交通运输主管部门按照国家有关规定验收合格后方可投入使用。

第六十条　船舶载运危险化学品进出内河港口，应当将危险化学品的名称、危险特性、包装及进出港时间等事项，事先报告海事管理机构。海事管理机构接到报告后，应当在国务院交通运输主管部门规定的时间内做出是否同意的决定，通知报告人，同时通报港口行政管理部门。定船舶、定航线、定货种的船舶可以定期报告。

在内河港口内进行危险化学品的装卸、过驳作业，应当将危险化学品的名称、危险特性、包装和作业的时间、地点等事项报告港口行政管理部门。港口行政管理部门接到报告后，应当在国务院交通运输主管部门规定的时间内做出是否同意的决定，通知报告人，同时通报海事管理机构。

载运危险化学品的船舶在内河航行，通过过船建筑物的，应当提前向交通运输主管部门申报，并接受交通运输主管部门的管理。

第六十一条　载运危险化学品的船舶在内河航行、装卸或者停泊，应当悬挂专用的警示标志，按照规定显示专用信号。

载运危险化学品的船舶在内河航行，按照国务院交通运输主管部门的规定需要引航的，应当申请引航。

第六十二条　载运危险化学品的船舶在内河航行，应当遵守法律、行政法规和国家其他有关饮用水水源保护的规定。内河航道发展规划应当与依法经批准的饮用水水源保护区划定方案相协调。

第六十三条　托运危险化学品的，托运人应当向承运人说明所托运的危险化学品的种类、数量、危险特性及发生危险情况的应急处置措施，并按照国家有关规定对所托运的危险化学品妥善包装，在外包装上设置相应的标志。

运输危险化学品需要添加抑制剂或者稳定剂的，托运人应当添加，并将有关情况告知承运人。

第六十四条　托运人不得在托运的普通货物中夹带危险化学品，不得将危险化学品匿报或者谎报为普通货物托运。

任何单位和个人不得交寄危险化学品或者在邮件、快件内夹带危险化学品，不得将危险化学品匿报或者谎报为普通物品交寄。邮政企业、快递企业不得收寄危险化学品。

对涉嫌违反本条第一款、第二款规定的，交通运输主管部门、邮政管理部门可以依法开拆查验。

第六十五条　通过铁路、航空运输危险化学品的安全管理，依照有关铁路、航空运输的法律、行政法规、规章的规定执行。

🔍【课后巩固】

（1）汽油如何进行运输？

（2）运输汽油的车辆有没有特殊规定？

项目 7

消防安全管理

【学习目标】

知识目标	学会日常生活中消防设备的使用方法 了解日常生活中防止火灾的措施 了解灭火的基本方法和步骤
技能目标	能消除仓库安全隐患，杜绝仓库火灾的发生 能根据不同火灾种类配置合适的消防设备 能运用发生火灾后逃生或求生的方法
职业能力目标	树立警惕安全隐患、确保自身安全的意识 培养学生火灾现场逃生与自救的能力

任务 1　仓库安全隐患排查

【任务目标】

（1）能说出仓库常见安全隐患的类型。
（2）学会排查仓库安全隐患。
（3）能及时消除仓库安全隐患。

【练习思考】

（1）某年 11 月 15 日下午 2 时 15 分，上海一幢公寓大楼发生严重火灾，58 人死亡、71 人受伤。起火原因：公寓大楼节能综合改造项目施工过程中，施工人员违规在 10 层电梯前室北窗外进行电焊作业，电焊溅落的金属熔融物引燃下方 9 层位置脚手架防护平台上堆积的聚氨酯保温材料碎块、碎屑，引发火灾。

处理结果：对 54 名事故责任人做出严肃处理，其中 26 名责任人被移送司法机关依法追究刑事责任，28 名责任人受到党纪、政纪处分。

（2）某年 7 月 22 日凌晨四点，京珠高速从北向南 948km 处，河南信阳明港附近一辆 35 座大客车发生燃烧，41 人死亡、6 人受伤。

起火原因：事故车上非法携带、运输的易燃化工产品引发大火。

在日常生活中，为什么火灾频频发生？

【知识链接】

一、仓库安全隐患概述

仓库储存过程的安全隐患排查、整改工作，是为规范仓库安全作业管理，保证物料及公司财物安全。

仓库安全隐患一般有：不安全的环境，不安全的动作；摆放方法错误，超量存放；警戒与防护不当。

（一）不安全环境因素

【练一练】

请指出以下图片哪些是属于不安全环境因素造成的安全隐患。

危险品乱堆乱放　　　设备老化、堵塞走火通道　　　电线乱拉乱接

【参考答案】

不安全环境因素类别

（1）由于管理人员知识上的缺乏性造成的不安全环境因素，如危险品与易燃品、腐蚀品乱堆乱放。
（2）由于仓库设施设备老化所致，如电线老化、设备老化等现象。
（3）由于管理人员素质不高引起的，如仓库管理人员吸烟行为，堵塞走火通道等。

（二）货物摆放方法错误、超量存放因素

【练一练】

请指出以下图片哪些是属于货物摆放方法错误、超量存放因素造成的安全隐患。

货物乱堆乱放　　　货架超高现象　　　货物码垛错误

【参考答案】

货物摆放方法错误、超量存放因素类别

（1）货物乱摆放位置，导致物品错综复杂。
（2）货物码垛过程中选用方法错误，导致货物出现不同程度倾斜。
（3）货架超量超高堆放。

（三）人员警戒与防护不当因素

【练一练】

请指出以下哪些图片是属于人员警戒与防护不当因素造成的安全隐患。

电线乱拉乱接　　　　　　　高空作业　　　　　　　仓库雷击现象

【参考答案】

人员警戒与防护不当因素类别

（1）人员警戒性不高引起安全隐患因素有雷击、潮湿、用电安全、在机械设备危险地带工作等。
（2）人员防护不当引起安全隐患因素有高空作业、人员不按照规章制度操作等。

二、仓库安全隐患的排查方法

（1）排查电线是否老化，有没有乱拉乱接现象。
（2）排查设备是否老化，有没有做好日常保养。
（3）排查货物是否乱堆乱放，是否与易燃物品堆放一起。
（4）排查是否产生明火，严禁烟火。
（5）排查仓库作业是否严格按照操作规范进行。

【参考视频】

三、仓库安全隐患的排查指导作业书

仓库安全隐患的排查指导作业书见表7-1。

表7-1 仓库安全隐患的排查指导作业书

排查项目	排查内容	排查量化内容	排查时间要求	过程指导
消防配置	消防设施配置的检查	消防栓、水池、消防泵、灭火器等内容	每月检查一次	检查消防设施设备是否过期、是否可用、气压是否充足等内容
防火检查	仓库设备老化、物品物资防火检查	检查电线、电源、易燃易爆类物资、照明设备等	每月检查一次	检查电线、电源是否存在老化现象；检查易燃易爆类物资是否存在乱堆乱放、包装是否破损等内容
排查过程注意事项				
（1）从电器设备、器械、存储、火种管理四方面进行检查，确认火灾隐患； （2）每月进行一次大检查，包括消防设施和消防器材，发现问题及时修理、更换； （3）清除消防通道、行走通道、楼梯上的物件，确保通道顺畅； （4）清理因作业产生的易燃易爆物品； （5）禁止任何人员携带火种进入仓库； （6）定期进行消防安全演习				

【参考视频】

四、仓库安全隐患的消除

（1）针对检查结果，仓库管理员提出相关的整改意见供仓库主管及时整改。

（2）定期全面检查仓库隐患清除状况，确保责任落实情况。（仓库主管负责）

（3）突击检查员工的操作规范，建立考核制度，严格要求员工遵守操作规范。（仓库主管负责）

仓库安全隐患项目整改意见见表7-2。

表7-2 仓库安全隐患项目整改意见

仓库安全隐患项目	存在的问题	整改意见	责任部门或责任人
仓库电线情况	线路老化	建议更换电线，做好线路排查工作	后勤部门或电工
	电线乱拉乱接	建议恢复原状，不得乱拉乱接，有需要接线时，要求电工做好线路连接工作，建议禁止仓库任何人员私下乱拉乱接线路	仓库主管

续表

仓库安全隐患项目	存在的问题	整改意见	责任部门或责任人
仓库设备使用情况	仓库设备老化	建议仓库设备管理员定时清查设备老化情况,做好日常保养工作,必要时更换设备	仓库设备管理员
	仓库设备操作不符合要求	建议暂停设备操作,进行操作规范教育,必要时进行停工学习	仓库主管
仓库通道使用情况	堵塞仓库过道或仓库通道	建议清除货物,整顿仓库货物存放位置,务必保证仓库过道通畅无阻	仓管员
仓库消防设备情况	消防设备过期或老化	建议做好更换工作	安保部门或保安人员
仓库人员素质情况	仓库内使用明火或吸烟行为	建议停工处理,进行教育,建议仓库主管整顿仓库人员,定期组织员工进行培训	仓库主管

【技能训练】

【训练资料】

(1) 模拟仓库一间(如无模拟仓库,可选择学校图书馆、储物间替代)。
(2) 仓库安全隐患排查记录表格资料(见附表1)。

附表1 安全隐患排查记录表(实训管理)

时间		参加人员		记录人	
	项 目		存在隐患		整改情况
实训管理	制度制订				
	制度落实				
	规范操作				
	防护设施				
	用电安全				
	管路接头				
	仓储管理				
	危险物品存放使用				
	废弃物品处理				
	高空作业				
备注					

【训练步骤】

1. 组织准备

（1）将全班同学按 6~8 人进行分组；选出小组长，小组长负责组织本小组成员参与活动。

（2）将仓库安全排查记录表格资料按组数分成对应的份数。

2. 布置任务

（1）下达任务书。在规定的时间内，各小组完成仓库的安全排查工作，并填写仓库安全隐患排查记录表。

（2）各小组安排一名代表上台讲解本小组的完成与分工情况，并上交相关资料。

3. 考核评价

（1）教师根据各个小组的表现针对讲解内容的精彩性、正确性、完整性等内容进行评分与点评。评分比例占总成绩的 30% 左右。

（2）教师在点评内容的同时，对各个小组队员之间的团队合作、演讲组织能力等内容进行评分与指导。评分比例占总成绩的 30% 左右。

（3）教师根据各小组对仓库安全排查的可行性和效率性进行点评与评分。评分比例占总成绩的 30% 左右。

（4）开展学生自评项目。评分比例占总成绩的 10% 左右。

【知识拓展】

如何预防家庭火灾安全隐患

生活在幸福、温暖的家庭里，受到父母和家人的关心、爱护，似乎并不存在什么危险。但是，家庭生活中仍然有许多事情需要倍加注意和小心对待，否则很容易发生危险，酿成事故。家庭生活中也有安全问题。

(1) 90%家庭成人在烹饪时会中途走开，60%经常走开。

正确做法：不要随意离开厨房，用完燃气关闭总开关。

(2) 70%家庭中没有烟雾报警器，23%从未听说。

正确做法：有条件家庭应尝试安装，并定期检查电池。

(3) 60%家庭从未规划过火灾以外的逃生路线，32%从未听说。

正确做法：每个房间至少规划两条逃生路线，定期演练，并约定逃离后集合地点。

(4) 40%家庭电话旁没有紧急联系电话，28%家庭从未听说。

正确做法：全家一起制作 119 报警卡，并写清详细家庭住址。

(5) 40%家庭灭火器放在厨房等火灾"危险地"，32%家庭不知该放哪里。

正确做法：放在卧室易取。

(6) 31%家庭取暖器临睡前不断电，21%总是如此。

正确做法：临睡前关闭电源或设置自动关闭时间。

(7) 30%家庭接线板像"章鱼"，插头"无孔不入"，15%总是如此。

正确做法：电插座上插头不宜超过 3 个。

(8) 30%瓶装标签与内置物不一致，7%家庭总是如此。

正确做法：经常检查，保持一致。

(9) 30%家庭床边放打火机、烟缸，14%家庭总是如此。

正确做法：易燃物远离卧室，尤其床边。

(10) 30%家庭厨房大功率电器接在接线板上，12%总是如此。

正确做法：微波炉、烤箱等大功率电器配置专用插座。

【课后巩固】

根据上述所学内容，选择市场上任何类型仓库进行一次火灾安全排查工作，并填写《安全排查记录表》(见附表2)。

附表2　安全隐患排查记录表（仓库管理）

时间		参加人员		排查企业	
	项　目	存在隐患			整改情况
实训管理	制度制订				
	制度落实				
	规范操作				
	防护设施				
	用电安全				
	管路接头				
	仓储管理				
	危险物品存放使用				
	废弃物品处理				
	人员安全管理				
备注					

任务2　消防安全管理常识

【任务目标】

(1) 能辨识仓库火灾的类别。

(2) 能根据不同火灾种类配置相应的消防设备。

(3) 会使用日常生活中的消防设备。

【练习思考】

在日常生活中火灾的种类很多,如特大火灾、爆炸火灾、中毒火灾、重大火灾等。请根据火灾案例特点,指出归纳分析火灾分类的依据有哪些。

【参考答案】

【知识链接】

一、火灾的定义

火的存在,先于人类。距今约 1.8 万年,北京周口店的山顶洞人就学会了人工取火。火产生光、热,早期用于照明、驱赶野兽、取暖、烧煮食物、烧制陶器、冶炼金属。火给人类带来光明和文明。今天人类仍离不开火,但每年都会因火灾造成重大经济损失和人员伤亡。

> 火灾是指在时间上和空间上失去控制的燃烧造成的灾害。

二、火灾的分类

【练一练】

请指出以下火灾是属于哪一种类型的火灾?
(1)某液化石油气管道爆炸并殃及客车。
(2)某棉花加工厂发生特大火灾重大责任事故。
(3)某环翠化塑制品厂火灾重大责任事故。
(4)某有机过氧化物厂失火。

【参考答案】

(一)按物质燃烧特性分类

火灾依据物质燃烧特性,可划分为 A、B、C、D、E 这五类。
A 类火灾:指固体物质火灾。这种物质往往具有有机物质性质,一般在燃烧时产生灼热的余烬，如木材、煤、棉、毛、麻、纸张等火灾。

B类火灾：指液体火灾和可熔化的固体物质火灾，如汽油、煤油、柴油、原油、甲醇、乙醇、沥青、石蜡等火灾。

C类火灾：指气体火灾，如煤气、天然气、甲烷、乙烷、丙烷、氢气等火灾。

D类火灾：指金属火灾，如钾、钠、镁、铝镁合金等火灾。

E类火灾：指带电物体和精密仪器等物质的火灾。

（1）按照相关规定划分
- A类火灾：固体物质火灾
- B类火灾：液体火灾和可熔化的固体火灾
- C类火灾：气体火灾
- D类火灾：金属及其化合物火灾
- E类火灾：带电物体和精密仪器火灾

（2）按照燃烧物品的种类划分
- 气体火灾
- 油品火灾：易燃、可燃液体
- 可燃物火灾：固体状态的各类可燃物
- 金属火灾：如钾、钠、镁等
- 电气火灾
- 过剩氧火灾

（二）按火灾等级分类

【参考资料】

根据《生产安全事故报告和调查处理条例》规定的生产安全事故等级标准，火灾可分为特别重大、重大、较大和一般火灾。

（1）特别重大火灾。是指造成30人以上死亡，或者100人以上重伤，或者1亿元以上直接财产损失的火灾。

（2）重大火灾。是指造成10人以上30人以下死亡，或者50人以上100人以下重伤，或者5 000万元以上1亿元以下直接财产损失的火灾。

（3）较大火灾。是指造成3人以上10人以下死亡，或者10人以上50人以下重伤，或者1 000万元以上5 000万元以下直接财产损失的火灾。

（4）一般火灾。是指造成3人以下死亡，或者10人以下重伤，或者1 000万元以下直接财产损失的火灾。

三、根据不同火灾种类配置相应的消防设备

（一）A类火灾

A类火灾燃烧面积大，辐射热强，蔓延速度快，特别是由于风力和热气流的作用所形成的飞火，会造成多点燃烧，扩大燃烧范围。由于瞬间燃烧中爆炸产生的冲击波造成建筑变形或倒塌，生产、生产设施遭到破坏，人员或重要物资受到威胁，因而需要组织抢救和疏散。这类火灾灭火用水量大，火场范围大，参战人员多。

应配置的消防设备：扑救这类火灾的主要灭火剂是水，但为防止突然发生的易燃、可燃液体或气体火灾，要适当地调集部分泡沫、干粉车作为备用。

（二）B 类火灾

B 类火灾燃烧速度快、燃烧猛烈、温度高、辐射热强、爆炸威力大、易流散。重质油品在燃烧时，会发生沸溢和喷溅，易造成人员伤亡，给扑救带来困难。

应配置的消防设备：扑救易燃和可燃液体火灾的有效设备是泡沫、干粉灭火器。

（三）C 类火灾

C 类火灾的火源物质平时都处于气、液状态，一旦失控易和空气形成爆炸性混合气体，遇明火即发生爆炸，其燃烧速度快，火势发展猛烈，生产设施易受到破坏并导致可燃气体源大量泄漏、扩散，引起连锁反应和中毒事故，易发生上下均同时燃烧的立体火灾，在气源处出现较稳定的火炬形燃烧。

应配置的消防设备：碳酸氢钠灭火剂、磷酸铵盐灭火剂、二氧化碳灭火器、卤代烷型灭火器等。

（四）D 类火灾

D 类火灾是一种比较特殊且非常见性的金属物质燃烧火灾，扑灭难度相当大。由于此类物质极易吸收空气中的氧气和水分子，从而产生氧化可燃类气体，进而剧烈燃烧、爆炸。

应配置的消防设备：由于此类物质的特性，非专业灭火器无法将其扑灭，必须采用专业的 D 类灭火剂、D 型灭火器进行有效扑灭。切忌用水施救，避免发生更大的爆炸性灾难；可用沙土将其隔离覆盖，让其自行燃烧殆尽，防止灾害进一步扩大。

（五）E 类火灾

从灭火角度而言，电气火灾有两个明显特点：一是着火的电气设备可能带电，扑灭火灾时，若不留意，可能发生触电事故；二是有些电气设备充有大量的油，如电力变压器、油断路器、电动机启动装置等，发生火灾时，可能发生喷油甚至爆炸，造成火势蔓延，扩大火灾范围。因此，电气火灾必须根据其特点，采取适当措施进行扑救。

应配置的消防设备：二氧化碳、四氧化碳、二氟一氯一溴甲烷、二氟二溴甲烷或干粉灭火器的灭火剂。

【练一练】

用连线的方法，请针对以下火灾种类找出合适的消防设施设备进行配置。

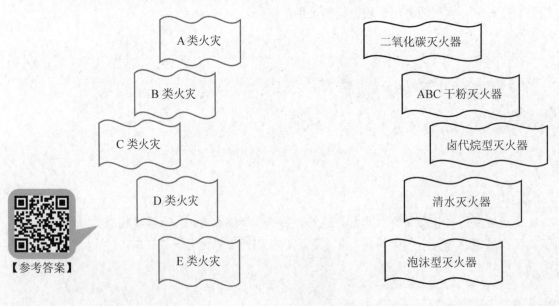

四、常见消防设施设备的使用方法

（一）灭火的基本方法

（1）冷却灭火。冷却至燃点、闪点以下，如水大量的吸收热量达到降温效果。
（2）窒息灭火。降低氧浓度，如二氧化碳、水蒸气。
（3）隔离灭火。将可燃物与氧、热和火焰隔离，如关闭液化气阀门、泡沫灭火。
（4）化学抑制灭火。抑制自由基的产生，如干粉灭火器。

（二）灭火工具的选择

1. 泡沫灭火器

泡沫灭火器的灭火作用：在燃烧物表面形成泡沫覆盖层，使燃烧物表面与空气隔绝，起到窒息灭火的作用。由于泡沫层能阻止燃烧区的热量作用于燃烧物质的表面，所以可防止可燃物本身和附近可燃物的蒸发。泡沫析出的水对燃烧物表面进行冷却，泡沫受热蒸发产生的水蒸气可以降低燃烧物附近的氧的浓度。

2. 干粉灭火器

干粉灭火器的灭火作用：一是消除燃烧物产生的活性游离子，使燃烧的连锁反应中断；二是干粉遇到高温分解时吸收大量的热，并放出蒸气和二氧化碳，达到冷却和稀释燃烧区空气中氧的作用。

3. 二氧化碳灭火器

二氧化碳灭火器的灭火作用：当燃烧区二氧化碳在空气的含量达到 30%～50% 时，能使燃烧熄灭，主要起窒息作用；同时二氧化碳在喷射灭火过程中吸收一定的热能，也有一定的冷却作用。

4. 1211 灭火器

1211 灭火器利用装在筒内的氮气压力将 1211 灭火剂喷射出灭火，它属于储压式一类。1211 是二氟一氯一溴甲烷的代号，它是我国目前生产和使用最广的一种卤代烷灭火剂，以液态罐装在钢瓶内。1211 灭火剂是一种低沸点的液化气体，具有灭火效率高、毒性低、腐蚀性小、久储不变质、灭火后不留痕迹、不污染被保护物、绝缘性能好等优点。

1211 灭火器的灭火作用主要是抑制燃烧的连锁反应，中止燃烧，同时兼有一定的冷却和窒息作用。

（三）常见灭火器的使用方法

4 个字：拔、握、瞄、扫
拔——拔出保险销。
握——握住瓶体。
瞄——喷嘴瞄准火源根部。
扫——左右扫射，将火扑灭。

1. 清水灭火器的使用方法

（1）将清水灭火器提至火场，在距燃烧物大约 10m 处，将灭火器直立放稳。

（2）注意：灭火器不能放在离燃烧物太远处，这是因为清水灭火器的有效喷射距离在 10m 左右，否则，清水灭火器喷出的水喷不到燃烧物上。

（3）摘下保险帽。用手掌拍击开启杆顶端的凸头，这时，清水便从喷嘴喷出。

（4）当清水从喷嘴喷出时，立即用一只手提起灭火器筒盖上的提圈，另一只手托起灭火器的底圈，将喷射的水流对准燃烧最猛烈处喷射。因为清水灭火器有效喷水时间仅有 1min 左右，所以当灭火器有水喷出时，应迅速将灭火器提起，将水流对准燃烧最猛烈处喷射。

（5）随着灭火器喷射距离的缩短，操作者应逐渐向燃烧物靠近，使水流始终喷射在燃烧处，直至将火扑灭。

（6）清水灭火器在使用过程中应始终与地面保持大致垂直状态，不能颠倒或横卧；否则，会影响水流喷出。

2. 泡沫灭火器的使用方法

泡沫灭火器主要适用于扑救各种油类火灾，木材、纤维、橡胶等固体可燃物火灾，使用方法如图 7.1 所示。

图 7.1　泡沫灭火器的使用方法

（1）右手握着压把，左手托着灭火器底部，轻轻地取下灭火器。

（2）右手提着灭火器到现场。

（3）右手捂住喷嘴，左手执筒底边缘。
（4）把灭火器颠倒过来呈垂直状态，使劲上下晃动几下，然后放开喷嘴。
（5）右手抓筒耳，左手抓筒底边缘，把喷嘴朝向火口处，并站在离火源 8m 的地方喷射，直到火源扑灭为止。
（6）灭火后，把灭火器卧放在地上，喷口朝下。

3. 干粉灭火器的使用方法

干粉灭火器适用于扑救各种易燃、可燃液体和易燃、可燃气体火灾，以及电器设备火灾，使用方法如图 7.2 所示。

（1）右手握着压把，左手托着底部，轻轻取下灭火器。
（2）右手提着灭火器到现场。
（3）除掉铅封。
（4）拔掉保险销。
（5）左手提着喷管，右手握着压把。
（6）在离火焰 2m 处，右手用力握压把，左手对着火焰左右摇摆灭火。

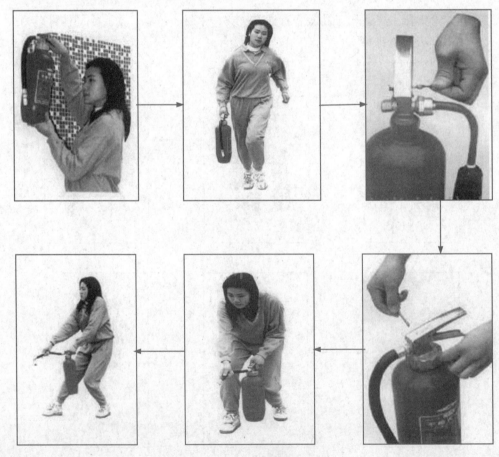

图 7.2 干粉灭火器的使用方法

4. 二氧化碳灭火器的使用方法

二氧化碳灭火器主要适用于各种易燃、可燃液体、可燃气体火灾，还可扑救仪器仪表、图书档案、工艺器和低压电器设备等的初起火灾，使用方法如图 7.3 所示。

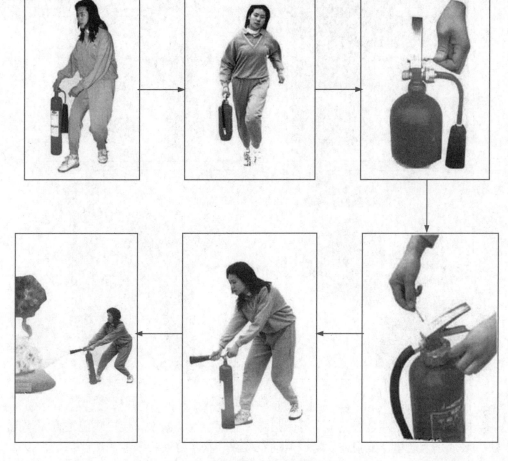

图 7.3　二氧化碳灭火器的使用方法

（1）右手握着压把。
（2）右手提着灭火器到现场。
（3）除掉铅封。
（4）拔掉保险销。
（5）站在距火源 2m 处，左手拿着喇叭筒，右手用力握压把。
（6）对着火焰跟部喷射，并不断推前，直至把火焰扑灭。

5．室内消火栓的使用方法

室内消火栓通常设置在具有玻璃门的消防水带箱内，其箱内由水枪、水带、水喉、消火栓头和启泵按钮组成，如图 7.4 所示。

使用方法：首先用消火栓箱钥匙或硬物击碎箱门上的玻璃，打开箱门，然后迅速取下挂架上的水带和弹簧架上的水枪，将水带接口连接在消火栓接口上，按启动泵按钮（此时消火栓箱上的红色指示灯亮，给控制室和消防泵送出火灾信号），按逆时针方向旋转消火栓手轮，即可出水灭火。

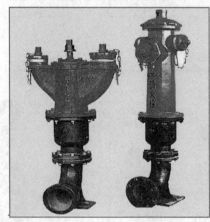

图 7.4 消火栓的组成

检查方法：配件是否完整，有无损坏，有无生锈、漏水，接口垫圈是否完整无缺，水带是否老化、破损或发霉，启动泵按钮、指示灯及报警控制线路功能是否正常，有无故障。

（四）常用灭火器材的维护与保养

（1）灭火器材应存放在干燥通风、温度适宜、取用方便之处，并应远离热源，严禁暴晒。

（2）灭火器一经开启必须再充装，在再充装时，绝对不能变换灭火剂的种类。

（3）对于干粉，每隔半年应检查灭火器上显示内部压力的显示器，如发现指针已降到红色区域时，应及时送维修部门检修。二氧化碳灭火器每半年检查一次重量，称出的重量如低于钢印所示量 50g 的，应及时送维修部门检修。

（4）化学泡沫灭火器要定期进行检查，若灭火剂变质，则应更换。一般为每年换一次灭火剂，更换灭火剂后，应标明更换日期。

【技能训练】

【训练资料】

（1）课前准备一批消防设备（如消防带、干粉灭火器、水枪、棉被、麻布袋等）。
（2）消防安全演示记录表格资料。

【训练步骤】

1. 组织准备
（1）将全班同学按6~8人进行分组；选出小组长，小组长负责组织本小组成员参与活动。
（2）将消防安全演示训练资料按组数分成对应的份数。
（3）以抽签的方式安排各小组完成不同内容的任务（见附件）。

2. 布置任务
（1）下达任务书。在规定的时间内，各小组必须完成所有任务。
（2）各小组安排一名代表上台讲解本小组的完成与分工情况，并上交相关资料。

3. 考核评价
见附件。

附件：训练任务

任务一：双人两盘水带连接（男、女标准相同）

1. 场地器材

划出跑道长37m，宽2.5m，标出起点线和终点线。在起点线前1m、1.5m、8m处，分别标出器材线、分水器拖止线、水带甩开线。在8m处放置水瓶，已打中水瓶者为胜出。

2. 比赛方法
（1）2名队员为一组，在起点线后2m处集合，站成一列横队。
（2）听到口令后，第一名队员握水带（水带不准离地面），做铺设水带的准备。

3. 考核要求
（1）"预备"口令后，运动员可以手握水带，但水带不准离开地面。（20%）
（2）开始后，第一盘水带必须先甩打中水瓶后接分水器（20%），操作过程中，水带不应出线、压线或扭圈360°。（20%）
（3）接口不得脱口或卡口。（20%）

4. 计时标准

计时从发出"开始"信号至队员冲出终点线，做好立射姿势喊"好"为止。（20%）

任务二：双人100m麻袋灭火（男、女标准相同）

1. 场地器材

划出跑道长50m，宽2.5m，标出起点线和终点线。在25m处放置麻袋一个，在50m处放置油桶一个。

2. 比赛方法

听到"开始"指令后，参赛队员迅速跑到25m处，捡起预先叠好的麻袋继续向前跑，到50m处将麻袋覆盖在着火油桶上，油火扑灭后喊"好"再迅速把灭火后的麻袋放回原处，冲出终点线喊"好"。在未跑出终点线以前，如发现未盖灭油桶火时，可重新扑盖。

3．考核要求

（1）队员不准跑出线外操作。（20%）

（2）麻袋应完全覆盖在油桶面上。（20%）

（3）将火盖灭后才能冲出终点线。（20%）

4．计时标准

从发出开始枪响至盖灭油桶火后，冲出终点线喊"好"为止。（40%）

任务三：4×50m 4kg泡沫灭火器接力灭火

1．场地器材

划出跑道长50m，宽2.5m，标出起点线和终点线。在25m处放置4kg泡沫灭火器一个，在50m处放置油桶一个。

2．比赛方法

由4名队员（男女各2名）参加比赛。听到开始后，第一名队员跑到25m处，提起灭火器返回起点，将灭火器交给第二名队员；第二名队员接到灭火器后提着跑到25m处，再返回起点，交给第三名队员；第三名队员接到灭火器后提着跑到25m处，再返回起点，交给第四名队员；第四名队员接到灭火器后提着跑到50m处，并占据上风（或侧上风）位置，用灭火器喷嘴对准火焰根部喷射，待火焰完全熄灭后举手喊"好"。

比赛中的操作要求如下：

（1）操作时，灭火器不得触地，最后一名队员上下颠倒灭火器的次数不少于3次，角度不得少于90°。

（2）喷射时，灭火器底部不得正对人体，要姿势正确，喷嘴朝前。

3．考核要求

（1）比赛过程中灭火器是否掉落在地。（30%）

（2）灭火器的使用是否正确。（30%）

（3）小组分工情况说明。（10%）

4．计时标准

计时从发出"开始"信号至最后队员冲出终点线为止。（30%）

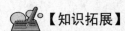【知识拓展】

克拉玛依市友谊馆的特大火灾

友谊馆概况：友谊馆位于克拉玛依市人民公园南侧。某年12月8日下午，克拉玛依市、新疆石油管理局为迎接自治区教委"双基"评估验收团来克拉玛依市检查工作，由市教委组织本市7所中学、8所小学各1个规范班在友谊馆向验收团作汇报演出。馆内当时有学生、教师、家长、领导及工作人员共796人。友谊馆正门和南北两侧共有7个安全疏散门，火灾时仅有1个正门开着。南北两侧的安全疏散门加装了防盗推拉门并上锁，观众厅通向过厅的6个过渡门也有2个上锁。

起火经过和扑救简况： 12月8日18时20分，文艺演出进行到第二个节目时，人们忽然发现舞台正中偏后顶部掉落火星，且越来越多。工作人员把推车式干粉灭火器抬到舞台，想灭火但不会使用。舞台上的火越烧越大，令人窒息的剧毒浓烟也越来越浓。由于舞台空间大，舞台物品又都是高分子化纤织物，火很快形成立体燃烧。舞台、观众厅秩序大乱。

这时现场灯光因火烧短路突然熄灭，全场一片漆黑。与此同时，舞台上方的3排吊灯连同钢管一起从15m的高处掉落在舞台地板上，气浪把观众厅、前厅乃至正在向外跑的人成片地推倒，火势也迅速地向观众厅蔓延开来，观众厅的吊顶、座椅都开始燃烧。在场的7~15岁中小学生及其他人员因安全疏散门封闭来不及疏散，短时间内中毒窒息，造成大量伤亡。

18时25分，市消防支队接警，立即出动3辆消防车3分钟后赶到现场，此时友谊馆所有的门窗都在向外翻卷着浓烟，正面的入口处，人们还在向外挤。其他6道门全部关闭，消防队员破拆门、窗，想方设法抢救人员。

消防支队调集的另3个中队6辆消防车也到场增援。消防支队本着救人重于灭火的原则，迅速组织在场的120余名官兵11辆消防车、供水车分别从西北南3个方向全力抢救被困人员，先后破拆了4个推拉式防盗门、木门和1个钢筋封闭的窗户，抢救出伤亡人员260余人，同时有效地控制了火势。19时10分，大火基本被扑灭。

火灾原因：舞台正中偏后北侧上方倒数第二道光柱灯（1 000W）与纱幕距离过近，高温灯具烤燃纱幕引起火灾。

火灾损失：大火造成325人死亡，130人受伤，烧毁观众厅、舞台内装修和灯具、音响设备等，直接财产损失210.9万元。

事故教训：

（1）按照消防法规的规定，礼堂、影院、俱乐部等人员集中场所的安全出口不应少于两个；疏散走道必须畅通，不得堆放杂物或其他障碍堵塞通道；安全出口和疏散通道要有明显标志和事故照明等。然而友谊馆却将安全门锁闭，疏散通道堵塞，这是造成大量人员伤亡的主要原因。

（2）火灾隐患久拖不改，终于养患成灾。友谊馆改造装修未经消防部门审核验收。当地消防部门在3次安全检查中向该馆提出疏散门锁闭、楼梯口堆放可燃物、没有应急照明和疏散指示标志、室内消火栓被堵、吊顶电气线路没有穿管保护、电器开关用铜丝代替保险丝等问题，特别提出灯具距离幕布太近，幕布已被烤变颜色，要求立即整改。友谊馆负责人虽然在检查意见本上签字认可，但并没有去落实。友谊馆曾两次发生灯具烤燃幕布的事故，幸被电工及时处置。

（3）消防管理混乱，责任制不落实。在该馆制订的各种管理制度和岗位责任制中，唯独没有消防安全和消防应急措施的内容。

（4）室内装饰装修和舞台幕布等物品大量使用高分子材料，火灾时产生大量有毒、有害气体，使现场人员短时间内便中毒窒息，丧失逃生能力。

（5）对组织这样近800人的大型活动，没有一个部门、一个人去考虑安全方面的问题，友谊馆在这次事故中存在失职、渎职行为。

（6）消防装备设施落后增加了抢救和工作的难度。

【课后巩固】

根据上述案例回答下列问题：
（1）发生火灾的原因除了以上所说的原因外，还有哪些？
（2）我们在日常生活中要做好哪些措施防止火灾的发生？

任务3　火场逃生与商品的抢救

【任务目标】

（1）学会火场逃生的方法。
（2）了解日常生活中防止火灾的措施。
（3）掌握在火场中抢救商品的技巧。

【练习思考】

某年11月14日上午6点10分，上海商学院中山西路校区宿舍由于学生使用"热得快"引起电线短路发生大火，4个女生慌不择路从6楼跳下当场身亡。

在日常生活中遇到火灾时，应该怎么办？

【参考答案】

【知识链接】

仓库具有经营面积大，易燃、可燃物品多（如仓库的建筑装饰材料，许多商品本身都是可燃物），人员流动性大等特点，稍有不慎就会发生火灾，火势蔓延迅速，会引起场面混乱、疏散困难，人民生命和财产安全都将受到严重威胁。那么，仓库发生火灾该如何逃生呢？

【练一练】

根据生活常识，判断下列发生火灾后的逃生方法是否正确，请在正确题后打"√"，在错误题后打"×"。

（1）发生火灾时保持镇静，迅速判断危险地点和安全地点，尽快撤离。　　（　　）
（2）夜间发生火灾时，不要管其他人，只顾自己逃生。　　（　　）
（3）发生火灾时，最好的方法是乘坐电梯快速逃生。　　（　　）
（4）发生火灾时，立刻报警，然后迅速离开火灾现场。　　（　　）
（5）发生火灾时，身处10楼以上，看到楼下火势比较大时就要选择跳楼逃生。（　　）

【参考答案】

一、火灾报警

发生火灾时，一定要沉着冷静，切记报火警。

正确的报警方法

（1）首先要记清火警电话——119。
（2）接通电话后，要向接警中心讲清失火单位的名称、地址、什么东西着火、火势大小，有无被困人员、有无爆炸和毒气泄漏，以及火的范围等。同时还要注意听清楚接警中心提出的问题,以便正确回答。

(3)把自己的电话号码和姓名告诉对方,以便联系。

(4)打完电话后,要立即派人到交叉路口等候消防车的到来,以利于引导消防车迅速赶到火灾现场。还要迅速组织人员疏通消防通道,清除障碍物,使消防车到达火场后能立即进入最佳位置灭火救援。

(5)如果着火地区发生了新的变化,要及时报告消防队,使他们及时改变灭火战术,取得最佳效果。

二、果断逃生

(1)发生火灾时保持镇静,迅速判断危险地点和安全地点,尽快撤离。

(2)逃生时不可蜂拥而出或留恋财物。

(3)必须穿过火区时,应尽量用浸湿的衣物披裹身体,捂住口鼻,贴近地面。

(4)如身上着火,千万别奔跑,可就地打滚,将身上的火苗压灭,或跳入就近的水池、水缸、小河等,或用厚重衣物覆盖压灭火苗。

(5)如身处楼上,寻找逃生路一般向下不向上。进入楼梯间后,确定楼下未着火时再向下逃生,绝不要往上跑。如楼梯或门口被大火封堵,楼层不高时,可利用布匹、床单、地毯、窗帘等制成绳索,通过窗口、阳台、下水管等滑下逃生。如楼层高,其他出路被封堵,应退到室内,关闭通往着火区的门、窗,有条件的用湿布料、毛巾等封堵着火区方向的门窗,并用水不断地浇湿,同时靠近没有火的一方的门窗呼救。

(6)晚上可用手电筒、白布摆动发出求救信号,绝不可乘坐电梯,也不可贸然跳楼。

 发生火灾时应注意事项:

(1)切忌慌乱,判断火势来源,采取与火源相反方向逃生。

(2)切勿使用升降设备(电梯)逃生。

（3）切勿返入屋内取回贵重物品。

（4）夜间发生火灾时，应先叫醒熟睡的人，不要只顾自己逃生，并且尽量大声喊叫，以提醒其他人逃生。

（5）平时要有很强的消防意识。进入陌生场所应先了解安全出口、疏散通道、楼梯间的位置及是否关闭，是否上锁，查看消防栓等各项灭火、避难器具的位置等。

三、协助抢救被困人员或商品

（一）了解掌握火场情况

火情侦察是一切灭火救援行动正确决策和合理部署灭火力量的前提。当仓库发生火灾，并有大量人员或货物受困的情况下，应及时组织人员对火场进行迅速、全面、细致的火情侦察。侦察的主要内容如下：

（1）查明受困人员的数量及状况。
（2）查明受困人员的位置及救生通道。
（3）查明货物的种类与性质、存放位置及可搬运工具等。
（4）查明是否存在爆炸品、有毒物质、建筑物倒塌等情况。

（二）正确协助抢救被困人员、货物

（1）先救人后救货物，即先集中力量疏散抢救受火势威胁或被火势围困的人员，然后在有扑救能力的前提下，尝试控制或消灭火势。在不能控制或消灭火势的情况下，组织人员抢救货物。

（2）稳定被困人员情绪，以免被困人员出现行为失控使场面混乱，造成人员互相踩踏，增加营救难度。

稳定被困人员情绪，通常可采取以下4种方式：

（1）喊话、广播。利用便携式扩音机或高层建筑内的事故广播，告知被困人员要镇静，等候救助。

（2）展示横幅。利用横幅来告示受困人员，特别是那些处于高处、听不见广播的受困人员，要镇静，不要跳楼等。

（3）灯光。多层或高层建筑夜间发生火灾，往往会有许多受困人员趴在窗户或阳台上，甚至会有人悬挂在落水管或遮阳板上等待救援，消防队到场后及时用强光灯照射每一个受困人员，告知他们不要着急。

（4）与被困人员共渡难关。引导消防员设法到达受困人员所处的位置，协助消防工作，疏散通道恢复畅通。

（3）开辟救生通道，必要时协助消防人员进行破拆房屋救人。

（4）协助现场救护。事实证明，从火场中抢救出的一些因热烟气窒息休克或呼吸道烧伤而呼吸困难、生命垂危的伤员，如果在现场能及时加以实施心肺复苏、人工呼吸以及供氧等现场急救措施，是可以挽回生命的。

【技能训练】

【训练资料】

（1）课前准备以下设备。水、铁桶、毛巾、被褥、布条，废旧的衣物、砂土、干粉灭火器、逃生绳、防毒面具、手电筒、消防水龙头、扩音器等。

（2）准备场景。

模拟场景一：电器短路起火，火势较小，燃烧面积不大，有明确的逃生路线，但出口只有一个。（道具）

模拟场景二：物品燃烧起火，火势大，有很大的浓烟，基本看不见逃生路线，温度较高。（道具）

模拟场景三：晚上在床上睡觉，发现宿舍内起火，火势很猛，空气中烟和毒气弥漫整个房间，视线模糊，且出口门的锁温度很高，没有直接的逃生出口。

【训练步骤】

1. 组织准备

（1）将全班同学按6～8人进行分组；选出小组长，小组长负责组织本小组成员参与活动。

（2）将训练资料按组数分成对应的份数。

（3）以抽签的方式安排各小组完成不同内容的任务。

2. 布置任务

在规定的时间内，在抽取项目所描述的背景下，选择逃生途径逃生。

3. 考核评价

（1）教师根据各个小组的表现针对讲解内容的精彩性、正确性、完整性等内容进行评分与点评。评分比例占总成绩的60%左右。

（2）教师在点评内容的同时，对各个小组队员之间的团队合作、演讲组织能力等内容进行评分与指导。评分比例占总成绩的35%左右。

（3）开展学生自评项目。评分比例占总成绩的5%左右。

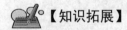【知识拓展】

车上必须配备灭火器

交管部门早就规定，车辆应该随车配备灭火器材，尤其像公交车、出租车、危险品车等乘客集中或容易引发火情的车辆，更要随车携带好灭火器，同时要求灭火器材状态良好，司乘人员会熟练使用。检测部门在进行机动车审验时，会把车上是否备有可以正常使用的灭火器作为检测项目之一，没有配备灭火器的车辆不能通过年检。按照《机动车运行安全技术条件》（GB 7258—

2012)，汽车配备灭火器是具有强制性质的。小车必须配备 1L 以上的灭火器，大货车、客车等大型车辆则要配备 2L 以上的灭火器。

但在检查中发现，部分车主安全意识淡薄，为了少花几十元钱，验车时会向他人借用灭火器。还有的车主认为价格便宜的车没必要配备灭火器，对此交管部门提醒，越是价格便宜的经济型车更应该配备灭火器材。以面包车为例，由于许多电路都集中于车身前部，若发生碰撞，电线会随同前部扭曲变形，外部的绝缘皮很容易被刺破，造成电线短路起火，所以配备灭火器非常重要。

附：预防汽车火灾六招

一，消防意识要提高

二，灭火器材要配备

三，日常车检不可少

四，违章操作来不得

五，危险物品不可留

六，发生火警莫心慌

【课后巩固】

（1）观察学校的消防设备的存放点，了解学校的逃生路口，熟悉校园消防设备的用法。

（2）看看家中是否配置消防设备，如果没有的话，要动员父母及时配置，并教会家人如何使用。

参 考 文 献

[1] 窦志铭. 物流商品养护技术[M]. 北京：人民交通出版社，2010.
[2] 霍红. 危险化学品储运与安全管理[M]. 北京：化学工业出版社，2004.
[3] 赵志群. 典型工作任务分析与学习任务设计[J]. 职教论坛，2008年12期.
[4] 李永生，郑文岭. 仓储与配送管理[M]. 北京：机械工业出版社，2004.
[5] 顾学斌，等. 抗菌防霉技术手册[M]. 北京：化学工业出版社，2011.
[6] 于学军，张国治. 冷冻、冷藏食品的储藏与运输[M]. 北京：化学工业出版社，2007.
[7] 徐丙根. 危险化学品储运作业安全现状[J]. 化学工业与工程技术，2009年02期.
[8] 张应立，周玉华. 液化石油气储运与管理[M]. 北京：中国石化出版社，2007.
[9] 杨登想. 商品养护技术[M]. 北京：化学工业出版社，2009.
[10] 孙彦东. 物流商品的养护技术[M]. 北京：知识产权出版社，2006.
[11] 张剑芳，等. 商品养护技术[M]. 北京：中国石化出版社，2008.
[12] 王力平. 物流商品检验与养护[M]. 北京：科学出版社，2006.
[13] 江少文. 配送中心运营管理[M]. 北京：高等教育出版社，2006.
[14] 李曦东. 药品仓库温湿度管理要点[J]. 海峡药学，2008年10期.
[15] 翟光明. 仓储与配送实务[M]. 北京：人民交通出版社，2005.
[16] 鲁玉杰，等. 农村家庭害虫综合防治技术[M]. 北京：中国社会出版社，2009.
[17] 谢开春，苏梅. 仓库害虫防治手册[M]. 上海：上海科学技术出版社，1992.
[18] 马文. 蔬菜的储存与保鲜[M]. 北京：金盾出版社，2009.
[19] 张恒. 果蔬储藏保鲜技术[M]. 成都：四川出版集团，四川科学技术出版社，2009.
[20] 王向前. 保鲜[M]. 北京：中国农业出版社，2006.

北京大学出版社第六事业部高职经管系列教材征订目录

书 名	书 号	主 编	定 价
财经法规与会计职业道德	978-7-301-26948-0	胡玲玲，等	35.00
财经英语阅读（第2版）	978-7-301-28943-3	朱 琳	42.00
公共关系实务（第2版）	978-7-301-25190-4	李 东，等	32.00
管理学实务教程（第2版）	978-7-301-28657-9	杨清华	38.00
管理学原理与应用（第2版）	978-7-301-27349-4	秦 虹	33.00
经济法原理与实务（第2版）	978-7-301-26098-2	柳国华	38.00
经济学基础	978-7-301-21034-5	陈守强	34.00
人力资源管理实务（第2版）	978-7-301-25680-0	赵国忻，等	40.00
Excel在财务和管理中的应用（第2版）	978-7-301-28433-9	陈跃安，等	35.00
财务管理（第2版）	978-7-301-25725-8	翟其红	35.00
成本会计（第3版）	978-7-301-32823-1	赵 霞，平 音	35.00
会计电算化项目教程	978-7-301-22104-4	亓文会，等	34.00
会计基础实训（第2版）	978-7-301-28318-9	刘春才	36.00
基础会计教程与实训（第3版）	978-7-301-27309-8	李 洁，等	34.00
基础会计实训教程	978-7-301-27730-0	张同法，边建文	33.00
商务统计实务（第2版）	978-7-301-30020-6	陈晔武	42.00
审计实务	978-7-301-25971-9	涂申清	37.00
审计业务实训教程	978-7-301-18480-6	涂申清	35.00
实用统计基础与案例（第2版）	978-7-301-27286-2	黄彬红	43.00
个人理财规划实务	978-7-301-26669-4	王建花，等	33.00
税务代理实务	978-7-301-22848-7	侯荣新，等	34.00
报关实务（第2版）	978-7-301-28785-9	橐云婷，董章清	35.00
报关与报检实务（第2版）	978-7-301-28784-2	农晓丹	45.00
报检报关业务	978-7-301-28281-6	姜 维	38.00
国际金融实务（第2版）	978-7-301-29634-9	付玉丹	45.00
国际贸易实务（第2版）	978-7-301-26328-0	刘 慧，等	30.00
国际贸易与国际金融教程（第2版）	978-7-301-29491-8	蒋 晶，等	37.00
国际商务谈判（第2版）	978-7-301-19705-9	刘金波，等	35.00
商务谈判（第2版）	978-7-301-28734-7	祝拥军	35.00
连锁经营与管理（第2版）	978-7-301-26213-9	宋之苓	43.00
企业行政管理（第3版）	978-7-301-31975-8	张秋埜	36.00
现代企业管理（第3版）	978-7-301-30062-6	刘 磊	43.00
职场沟通实务（第3版）	978-7-301-29852-7	吕宏程，等	44.00
中小企业管理（第3版）	978-7-301-25016-7	吕宏程，等	48.00
采购管理实务（第3版）	978-7-301-30061-9	李方峻	40.00
采购实务（第2版）	978-7-301-27931-1	罗振华，等	36.00
采购与仓储管理实务（第3版）	978-7-301-32403-5	耿 波，聂强大	45.00
采购与供应管理实务（第2版）	978-7-301-29293-8	熊 伟，等	37.00

书名	ISBN	作者	定价
仓储管理实务（第3版）	978-7-301-31892-8	李怀湘	42.00
仓储与配送管理（第2版）	978-7-301-24598-9	吉亮	36.00
仓储与配送管理实务（第3版）	978-7-301-31846-1	李陶然，褚阳	46.00
第三方物流综合运营（第3版）	978-7-301-32390-8	施学良，胡歆	38.00
电子商务物流基础与实训（第2版）	978-7-301-24034-2	邓之宏	33.00
供应链管理（第2版）	978-7-301-26290-0	李陶然	33.00
企业物流管理（第2版）	978-7-301-28569-5	傅莉萍	45.00
物流案例与实训（第3版）	978-7-301-30082-4	申纲领	42.00
物流成本实务	978-7-301-27487-3	吉亮	34.00
物流经济地理	978-7-301-21963-8	葛颖波，等	29.00
物流商品养护技术（第2版）	978-7-301-27961-8	李燕东	37.00
物流信息技术与应用（第3版）	978-7-301-30096-1	谢金龙	41.00
物流运输管理（第2版）	978-7-301-24971-0	申纲领	35.00
物流运输实务（第2版）	978-7-301-26165-1	黄河	38.00
物流专业英语（第3版）	978-7-301-32728-9	仲颖，王慧	39.00
现代物流管理（第2版）	978-7-301-26482-9	申纲领	38.00
药品物流基础	978-7-301-22863-0	钟秀英	38.00
增值物流业务运作与管理	978-7-301-32301-4	付荣华	40.00
国际货运代理实务（修订版）	978-7-301-21968-3	张建奇	45.00
电子商务英语（第2版）	978-7-301-24585-9	陈晓鸣，等	27.00
市场调查与统计（第2版）	978-7-301-28116-1	陈惠源	38.00
市场营销策划（第2版）	978-7-301-30108-1	冯志强	45.00
消费心理学（第2版）	978-7-301-28797-2	臧良运	46.00
消费心理与行为分析（第2版）	978-7-301-27781-2	王水清，等	36.00
营销策划（第2版）	978-7-301-25682-4	许建民	36.00
营销渠道开发与管理（第2版）	978-7-301-26403-4	王水清	48.00
创业实务	978-7-301-27293-0	施让龙	30.00

1. 关注北京大学出版社第六事业部官方微信（微信号 pup6book），查询专业教材、浏览教材目录、内容简介等信息。

2. 如果您需要样书，可以扫描以上二维码在线申请，也可以联系编辑申请。

联系方式：蔡编辑，电话：010-62750667，邮箱：sywat716@126.com，客服QQ：1292552107。

3. 电子样书在线浏览网址：https://jinshuju.net/f/fqWJFJ，可观看北京大学出版社精品教材云书展。

教材预览、申请样书
微信公众号：教学服务第一线